KB217369

K-뷰티 탐미
:다섯 가지 힘

K-뷰티 탐미
:다섯 가지 힘

세계를 매혹시킨 K-뷰티 힘의 원천

고병수 지음

좋은땅

프롤로그

"K-뷰티의 인기 이유가 뭡니까?"

사람들의 물음에 "뛰어난 품질과 가성비, 독특한 제형과 성분, 세련된 디자인, 한류와 SNS 그리고 또…". 무언가 색다른 얘기를 듣고 싶어 하는 듯했으나, 나의 답변은 이 범주 안에서 맴돌았다. 화장품쟁이를 자처해 온 나로서는 적잖이 당혹스러웠다.

물론 K-뷰티의 세계적 인기는 부정할 수 없는 사실이며, 이는 다양한 지표로도 확연히 드러난다. 지난해(2024년) 연간 화장품 수출액은 사상 처음으로 100억 달러(약 14조 원)를 넘어섰다. 이는 2012년 처음으로 10억 달러를 돌파한 이후 지속적인 성장세를 이어 온 결과로, 12년 만에 최대 실적(102억 달러)을 달성한 것이다. 대(對)중국 수출은 줄었지만, 대미·대일 수출이 현저히 증가(각각 57.0%, 29.2%)한 한편 시장이 아시아와 북미를 넘어 유럽과 남미로 확장되고 있다. 이러한 실적을 반영한 화장품 기업들의 주가는 우상향하고 있다.

한국 화장품의 트렌디한 제품 디자인, 혁신적인 제형 기술, 뛰어난 품질과 가성비로 소비자들의 마음을 사로잡고 있는 것은 사실이다. 그러나 제품의 물리적 특성과 마케팅만으로 K-뷰티의 성공을 충분히 설명할 수 있을까?

나는 그 답을 찾기 위해 K-뷰티에 숨겨진 힘을 탐구해 보기로 했다.

미국은 유럽에 비해 매우 짧은 역사를 가졌음에도 세계 미술 시장의 중심이 되었다. 세계대전 때문에 많은 유럽 화가들이 미국으로 이주하고 카네기나 록펠러 같은 거대 재벌의 자본이 미술 분야에 투자하면서 그렇게 된 것으로 알려져 있다. 이 주장은, 미국 미술 시장 발전을 경제적 측면에서 설명한 것인데, 나는 여기에 '미술 대중화를 위한 사회적 인프라 구축'이라는 측면을 추가하고 싶다.

미국 정부는 열악한 환경에서 창작에 매진하는 무명의 젊은 작가들을 발굴하는 한편, 뉴욕 메트로폴리탄미술관, 뉴욕 현대미술관 등은 일반인을 대상으로 한 미술 강좌를 무료로 제공하였다. 미술에 대한 일반 시민의 이해를 돕기 위해 작품을 인문학적으로 접근하고, 이를 통해 미술에 대한 부담 없는 접근과 깊이 있는 감상이 가능하도록 사회적 구조를 마련했다.

대중화를 위한 인프라, 다시 말해 소비계층 생성 작업이 중요하다고 보는 나의 입장에서 보면, 화장품을 다루는 서적들은 성분, 유통 방식, 산업 역사와 같은 실물경제적 설명을 중심으로 하고 있다는 느낌이 든다. 그것이 전작 《그토록 바라던 반등의 기회》에서 중국 화장품 시장과 K-뷰티를 다루게 된 이유였다. 특정 분야에서 다양한 책들이 출간된다는 것은 그 분야에 대한 대중의 관심이 늘어나고 있음을, 그 분야를 더 잘 이해하고 탐구하기 위한 시도들임을 의미한다.

어떤 분야에 대해 사람들의 관심이 커지고 지식에 대한 수요가 증가하면, 이는 자연스럽게 정부 정책으로 반영되어 인적·물적 지원을 유발하고 해당 분야의 발전을 촉진한다.

이 책은 K-뷰티의 상업적 현상에만 국한하지 않고, K-뷰티가 어떻게 세계적 트렌드가 되었는지에 대한 인문학적 접근을 시도해 보려는 의도에서 기획되었다. 인문학적 관점에서 바라보면, K-뷰티의 성공은 제품력과 마케팅 전략만의 결과라고 보이지는 않는다. 이는 한국 사회의 다양한 문화적·역사적·사회적 요소들이 결합된 산물이다.

오랜 고민과 탐구를 통해 K-뷰티의 탄생과 성장 배경에 다섯 가지 힘이 작용하고 있는 것을 발견했다. 이 다섯 가지 힘은 나의 주관적 판단에 입각한 것이기 때문에, 당연히 이론(異論)이 있을 수 있다. '나'라는 관찰자의 시각에서는 상황이 그렇게 보인다고 말하는 것으로 이해해 주면 좋겠다.

K-뷰티의 다섯 가지 힘, 그리고 그것들을 선정한 배경은 다음과 같다.

첫째, 아줌마. 한국에서 현대적 의미의 화장품 산업은 1960년대부터 시작됐는데, 당시 태평양화학(현 아모레퍼시픽)은 제품 유통망을 구축할 목적으로 약 37만 명의 전쟁 미망인을 대상으로 방문 판매원을 모집했다. 방문 판매는 한국 화장품 산업의 첫 번째 유통 방식이자, 그 후 30여 년간 우리나라 화장품 유통의 근간이었다. 방문 판매원의 80%는 중년의 기혼 여성, 우리가 말하는 아줌마들이다. 꽃도 뿌리가 튼튼해야 피어나듯이 한국 사회에서 아줌마는 중년 여성을 의미하는 것을 넘어서 강인한 생명력과 끈기를 상징한다. 가족을 돌보기 위해 묵묵히 산업의 중심에서 방문 판매원으로 활동하는 '아줌마'들이 K-뷰티의 첫 번째 힘이었다.

둘째, 생존 경쟁. 아침 출근길 지하철 안은 분주하다. 여성들은 눈이 반쯤 감긴 채 화장을 하고 남성들은 옷매무새를 살핀다. 여름 휴가철이면 서울 신사동 사거리는 붕대를 감은 사람들로 부산하다. 휴가를 이용해 성형수술을 받은 사람들이다. 이런 사례들은 외모 가꾸기가 한국 사회에서 얼마나 중요한 일인지 보여 준다. 한국은 치열한 경쟁 사회다. 이 사회에서, 외모를 가꾸는 일은 경쟁의 한 분야가 되었다. 나아가 그것은 단순한 미용 차원을 넘어, 이미

오래전부터, 자기표현 수단이자 사회적 생존 도구로 인식되고 있다. 외모를 가꾸기 위한 방법으로서 화장품만큼 실용적인 것은 없다. '생존'을 K-뷰티의 두 번째 힘으로 꼽은 이유가 거기에 있다.

셋째, 자연 환경. 기후는 피부와 밀접한 관계가 있다. 흔히 볼 수 있는 뾰루지, 버석거리는 얼굴은 바로 여름철 고온과 겨울철 한랭 건조한 기후 영향이 크다. 한편 사계절이 뚜렷한 온대기후는 다양한 식생을 만들어 내어 이로 인해 풍부한 천연성분을 제공한다. 예를 들어 어성초, 쑥, 인삼 같은 식물들이 바로 한국 화장품만의 독특한 성분이다. 또한 우리의 자연은 자연과의 조화를 중시하는 한국인의 가치관을 반영한다. 한국의 '자연'은 K-뷰티의 세 번째 힘이다.

넷째, 손재주. 한국인의 삶은 손재주와 분리하기 어렵다. 가장 대표적인 사례는 아마도 쇠젓가락일 것이다. 쇠젓가락은 마찰이 적기 때문에 무엇인가를 집을 때 쉽지 않지만 우리는 깻잎 한 장, 작은 콩자반 한 알도 집어낼 수 있다. 손끝 감각이 예민하지 않으면 그건 어려운 일일 것이다. 화장실에서 볼일을 보며 양치질하는 것에 더해 이제는 SNS와 동영상도 즐긴다. 식당에서 메뉴를 주문하자마자 물과 수저를 놓고 먹을 준비 끝! 5분이 지나도 주문한 음식이 나오지 않으면 짜증을 내기 시작한다. 이러한 한국인의 '빨리빨리'는 단순히 빠름을 추구하는 것이 아니라 손재주를 바탕으로 한 정밀함과 유연성에 있다. 이렇게 일상의 작은 습관들이 전통공예부터 현대 기술에 이르기까지 정교하고 세심한, 그러면서 빠른 한국인의 '손재주'를 매일매일 담금질하게 만든다. K-뷰티의 네 번째 힘이다.

다섯째, 한국 대중문화의 해외 인기. 한류는 K-뷰티의 글로벌 확산에 큰 역할을 했다. 한국산 음악·드라마·영화와 같은 대중문화 콘텐츠가 인기를 끌면서 한류 스타들이 사용하는 한국 화장품들은 곧바로 세계 팬들의 주목을 받게 되었고 이에 따라 한국 제품에 대한 관심도는 자연스럽게 높아졌다. 한류는 이제 단순한 문화현상을 넘어 K-뷰티 홍보의 첨병이다. 그렇게 '한류'는 K-뷰티의 다섯 번째 힘이 되었다.

K-뷰티의 다섯 가지 힘은 개별적이면서 상호 작용을 한다.

예컨대, **방문 판매원으로서 아줌마들의 헌신과 열정**은 한국 화장품 산업의 초석을 다지는 데 기여했고, K-뷰티 제품의 실용성이 높아지게 했다. 한국인들의 **사회적 생존을 위한 자기관리 노력**은 화장품 대중화에 기여한다. **한국의 자연**은 K-뷰티 제품의 핵심 성분을 제공하며, K-뷰티의 자연친화적 이미지를 구축한다. **한국인의 손재주**는 전통과 현대를 결합한 독창적인 제품들을 빠른 시간 내에 탄생시켰고, **한류**는 한국 문화와 라이프스타일을 세계에 알리며 K-뷰티의 글로벌 인기를 증대시키고 있다.

K-뷰티의 다섯 가지 힘을 발견하고 다루면서 다양한 분야의 지식과 정보가 필요했다. 전문 서적과 신문·잡지의 기사를 찾아보는 한편, 그것으로 부족한 경우에는 해당 분야 관계자에게 자문을 받아 해결해 갔다. 그럼에도 미흡한 부분이 있을 것이다. 읽는 분들의 넓은 아량을 구한다. 끝으로, 이 여정을 통해 제품의 품질이나 가성비에 대한 관심을 넘어 K-뷰티가 지닌 인문학적 가치를 발견하고, K-뷰티의 매력을 새롭게 느끼게 되기를 진심으로 바란다.

2025년 1월

목차

프롤로그   5

1장 | 줌마 파워

저 아줌마 아닌데요!   18

반도의 아줌마   19

여성 인식에 대한 역사적 흐름   22

여성에 대한 중국의 인식   26

대륙의 따마   29

여성에 대한 일본의 인식   31

열도의 오바따리앙   33

우리나라의 화장품 역사   36

화장품과 방문 판매   39

방판의 첫 번째 힘: 모질게 만들어진 모성애   44

방판의 두 번째 힘: 본능적 소비 욕망   49

방판의 세 번째 힘: 정(情)과 흥(興)으로 빚어진 공감 능력   52

2장 | 생존

외모 지상주의(루키즘 · Lookism)   61

외모 지상주의의 첫 번째 배경: 사회적 압박   63

외모 지상주의의 두 번째 배경: 외모의 계층화   65

외모 지상주의의 세 번째 배경: 외모의 상업화   67

실용적인 생존도구로서의 화장품   70

K-뷰티 기업의 명암   73

생존과 성장을 위한 기술 제휴와 혁신   77

자연선택적 유통   82

- 방문 판매: 1960~1980년대   83
- 화장품 전문점: 1990년대   84
- 원브랜드숍(One brand shop): 2000년대   86
- 홈쇼핑, 멀티브랜드숍, H&B 스토어: 2010년대   87
- 올리브영, e커머스: 2020년대~   88

3장 | 자연

한국의 지형   97

한국의 기후   99

한국의 자생 생물종   101

자연과 의복   104

자연과 음식   106

자연과 주거   109

자연에서 얻은 전통 미용법   112

K-뷰티의 자연 성분   116

자연에서의 발견, 발효   121

자연에서의 영감, 동결건조(凍結乾燥)   125

자연을 품다, 비건(Vegan)   128

자연 순환의 첫걸음, 업사이클링   131

4장 | 손재주

젓가락 유전자   139

비빔밥 유전자   142

반도 기질 유전자   145

빨리빨리 유전자   148

1.7㎝의 명화, 네일 아트   152

몸에 그려 낸 신념과 서사, 타투(Tatto)   156

손끝에서 시작된 10만 개의 실루엣, 가발   160

창의적 해법, 제형 기술   163

화장품 제형에 대한 이해   164

혁신적인 K-뷰티 제형 기술   168

5장 | 한류

한류의 탄생과 성장과정   176

대중문화 산업의 두 개의 축   179

숫자로 본 한류 184

• 한류 팬 184

• 한류의 경제적 효과 185

뷰티 마케터가 본 한류 생태계 187

• 풍부하고 독창적인 콘텐츠 187

• 절망 속에서 찾은 웹툰 189

• 팬덤까지 수출하는 다이내믹 K-팝 191

• 진화하는 제작 시스템 195

• 가성비 197

• 디지털 기술과 한류의 케미 199

한류와 K-뷰티 201

• 변형의 미학, 초격미(超格美) 202

• K-뷰티의 힙한 메신저, K-아티스트 205

• 선망받는 한국 여성 피부 208

• 감각의 에센스를 녹여 낸 K-뷰티 브랜드 이야기 210

• 한류와 언더독의 황금빛 코디네이션, 수출 216

• 화장품 종주국을 뛰어넘다, 인디 브랜드 218

에필로그 221

참고문헌 223

"여성은 바위와 같다.

그들의 굳은 의지와 내면의 강인함은

그 어떤 것도 깨뜨릴 수 없다."

- 마리 퀴리(Maria Curie)

1장

줌마 파워

저 아줌마 아닌데요!

2023년 3월 죽전역 인근을 지나는 지하철 안에서 승객에게 흉기를 휘둘러 3명에게 부상을 입힌 사고가 발생했다. 경찰 조사에서 가해자인 30대 중반의 여성은 "아줌마"라고 불린 것에 격분했다고 진술했다.

최근 인기 드라마들에서는 권력을 가진 여성의 존재감이 두드러지는 특징이 있다. 말 그대로 중년의 센 언니(걸크러시)다. 재벌가 비리를 뒤처리하는 해결사(〈퀸메이커〉의 김희애 분), 자신을 배신한 남편과 친구에게 시원한 복수를 가하는 청순 사이다(〈내 남편과 결혼해 줘〉의 박민영 분), 살인청부업계의 전설인 싱글맘(〈길복순〉의 전도연 분) 등 이들 여주인공의 공통점은 독한 리더이자 어디선가 자연스레 아줌마로 불린다는 데에 있다.

드라마와 영화와 같은 대중문화는 대중이 보고 싶어 하는 이야기, 즉 시대를 비추는 거울이다. 또한 동시대를 살아가는 사람들의 기호와 인식을 대변한다는 특징을 갖고 있다.

반도의 아줌마

한국에서 '아줌마'는 한마디로 억척스럽고 몰교양한 노화한 중년 여성을 가리키는 멸칭(蔑稱) 성격이 있다. 때론 남성도 여성도 아닌 제3의 성(姓)이라고까지 불릴 정도다.

실상에서도 확인된다. 30~60대 남녀 각 2008명 대상의 '남녀 호칭 조사' 결과(조선일보)를 보면, 여성의 경우 '아줌마' 호칭이 기분 나쁘냐는 질문에 64% 이상이 "그렇다"고 했다. 반면 남성은 '아저씨'라는 호칭이 "나쁘지 않다"가 70%로 월등히 높았다. 이런 반응은 전 연령대에서 관측됐다.

옛 문헌에 '아줌마'는 '아자마'로 나와 있다. '아자마'는 우리말 '아자(小·작다)'와 한자 '모(母)'의 결합어로서, 풀이하면 '작은어머니' 정도 된다. 하지만 실제 작은어머니만을 지칭하는 것이 아니라 친족 관계인 고모, 이모, 숙모, 백모 등을 두루 지시할 수 있는 평칭으로 사용되었고 세월을 거치면서 일반 중년 여성을 포괄적으로 가리키게 되었다.

호칭이란, 이름 지어 부르는 행위, 즉 화자가 대화의 상대를 부를 때 사용하는 표현이다. 직장이나 사회에서의 호칭은 그 사람의 직위나 신분을 의미하기도 한다. **호칭은 유·무형의 사물이나 사람을 개념화해서 언어로 표현한다는 의미에서, 나아가 생각이나 행동을 지배한다는 의미에서 중요하다.**

어원이나 사전의 뜻과는 별개로 '아줌마'라는 호칭이 사회 통념상 부정적으로 받아들여지게 된 데에는 몇 가지 이유가 있다.

먼저 과거 가부장제 사회에서 남성에 의해 중년 여성들이 격하(格下)되었다는 설이다. 예컨대 결혼 전 순종적이던 아내는 세월을 거치며 남편과 동등하거나 오히려 우위에 있게 되었고 이를 목도(目睹)한 남편들이 비하와 비아냥의 어감을 담아 '아줌마'라 부르기 시작했다고 한다.

언론·방송사 영향도 있다. 드라마 속에서 '아줌마'라는 용어가 특정 직군에 사용(청소 아줌마, 파출부 아줌마 등)되었고 그래서 은연중에 '그것은 비칭'이라는 인상을 주었으며, '아줌마'라 불리는 일명 뽀글이 파마와 몸뻬 바지에 의해 정형화함으로써 '아줌마'는 억세고 수다스러운 중년 여성이라고 인식되었다.

두 번째로는 '호칭 인플레이션'과 관련 있다. 《조선일보》 기사(아줌마, 아저씨는 어쩌다 멸칭이 되었나)에 따르면, 나이 든 남성은 삼촌부터 선생님, 사장님, 회장님 등으로, 여성들은 이모부터 사모

님, 여사님, 어머님 등으로 불리게 된다. 더 높은 존칭을 끝없이 만들어 내는 호칭 인플레이션은 기존 호칭을 멸칭으로 변화시키고 있다. 예컨대 식당에서 흔히 쓰이는 이모, 삼촌, 언니 같은 호칭들은 직원을 가리키는 또는 호출하는 용어가 되었다.

마지막으로 젠더 갈등 속에서 '아줌마'는 더욱 희생양이 된 것처럼 보인다. 지금의 청년층은 역사상 가장 어려운 세대라고 한다. 실업이 일상화된 데다 병역, 결혼, 주거 등 삶의 중요한 부분이 모두 녹록치 않기 때문이다. 이런 어려움들은 대체로 남성들에게 직격탄이 되었기 때문에 청년 문제는 실상 남성 문제가 된 것처럼 보인다. 청년 남성들은 자신들이 차별당하고 있다 말하면서 그 이유로 징병제, 여성 할당제, 여권 향상 등을 거론한다. 이에 일부 청년층 남성들이 연령에 관계없이 성인 여성을 아줌마로 지칭하며 여혐 분위기를 만들기도 한다.

여성들 사이에서도 아줌마는 피해야 할 호칭이다. 30~40대 미혼 또는 비혼 여성이 늘고 있는데 이들은 자신에게 아줌마라는 호칭이 사용되면 상당히 불쾌하게 받아들인다. 이를 넘어 아줌마라는 호칭은 성인 여성들 사이에서 폭넓게 배제되기 시작했고, 이제는 아이 엄마들도 그것을 기피하고 있다.

사람들이 쓰는 말에는 사회적 인식이 반영된다. 아줌마를 포함한 여성에 대한 인식을 간략하게 살펴본다.

여성 인식에 대한
역사적 흐름

우리나라 고대 삼국시대는 모계사회로서 부족원들은 어머니의 성(姓)을 공유했다. 이때 여성은 음(陰)이자 땅인 생명의 근원으로 여겨져 신성시됐다. 성씨의 성(姓)이란 글자는 여자(女)를 품고 있다. 그리고 초기의 성은 모계로 전해졌다. 나아가 세상의 근원은 뜨거워서 확선(擴線)하는 양(陽)과 차가워서 절선(節線)하는 성질인 음(陰)의 조화로 보았다. 동양에서 보는 남녀는 음양의 상반된 성질을 가지면서도 동일한 존재이고, 음양은 철학적 사고의 틀이다.

신라는 우리나라 역사에서 유일하게 여왕을 3명(27대 선덕여왕, 28대 진덕여왕, 51대 진성여왕)이나 배출한 나라였다. 최용범의 《하룻밤에 읽는 한국사》를 보면, 신라는 남녀 차별이 거의 없을 만큼 여성 지위가 어느 시대보다 높았다. 여자도 남자와 동등한 상속권과 경제권을 쥐고 있었다. 또한 혼인을 하더라도 여성의 사회적 지위는 보장되었다.

고려시대 또한 여성을 남성과 거의 대등하게 대우했다. 그래서 여성은 재산을 차별없이 상속받을 수 있었고 집안을 대표하는 호주도 될 수 있었다. 성씨에 관해서는 부계(父系)와 모계(母系)가 모두 허용되는 양계적(兩系的) 방식이 사용되었다.

이 같은 맥락에서, 고대 삼국시대부터 고려 말까지 약 천 년간 여성은 남성과 대등한 지위와 권리를 향유해 왔다고 볼 수 있다.

이런 흐름은 조선 전기에도 유효했다. 정창권의 《조선의 살림하는 남자들》에 따르면 16세기까지는 남녀가 평등했고 여권이 존중되었다. 그러다 보니 남성들이 정원을 가꾸거나 살림을 돌보고 외조하기도 했고 요리를 하기도 했다. 이런 모습은 16세기 이후에도 이어진 것으로 보이는데, 연암 박지원이 1796년 지방 관리로 일하며 자신이 만든 쇠고기 장볶이를 가족이 잘 먹고 있는지를 묻는 편지가 그런 정황을 보여 준다.

남녀 차별이 공공연하게 이뤄진 건 조선 중기부터다. 16세기 임진왜란 이후 여자에 대한 불평등과 규제가 강화되기 시작했다. 즉, 성리학이 사회 주류 이념으로 자리 잡으면서 남존여비라는 관점, 남녀를 엄히 구분하는 내외법(內外法) 등이 강화됐다. 그 결과, 여자의 사회적 활동은 금지되었고, 과거 응시 내지 관직 진출도 허용되지 않았다. 그 반면, 남자에게는 혼인관계를 무효화할 수 있는 권한까지 부여했다.

일제강점기와 산업화 시기를 지나면서 성별 역할 구분이 더욱 강화되었는데, 이때 사회는 남자의 영역으로, 가정은 여자의 영역으로 갈라지게 되었다. 특히 일제는 '현모양처' 양성을 여자 교육의 목표로 삼았다. 현모양처는 일제에 의해 이식된, 왜곡된 여성상이다. '현모'는 원래 '어진 어머니' 정도의 뜻이었는데 일제는 이를 여자의 역할로 바꿨다. '양처' 역시 '양민 신분의 처'라는 신분적 개념이었으나 일제는 가사 노동 전담자로 변질시켰다. 이후 현모양처는 한국 여성의 삶을 규정하는 주요 사상이 됐다.

또한 사람들의 신원과 인원 파악을 목적으로 1909년 일제가 강제로 시행한 호적부(2008년 폐지)도 여성에 대한 부정적 인식을 강화했다. 남자만 호주가 될 수 있었기 때문이다.

현대에 이르러서도, 지표만 보면, 한국은 남녀 불평등 사회라고 할 수 있다. 2023년 영국 시사주간지《이코노미스트》는 '여성의 노동 참여율', '고위직 여성 비율' 등의 지표를 반영해 OECD 29개국을 대상으로 산정한 '유리천장 지수(The glass-ceiling index)'를 발표했는데 거기에서 한국은 29위였다. 유리천장 지수가 낮을수록 여성이 일하기 열악한 환경을 의미한다. 그 조사가 시작된 2013년 이후, 한국은 12년 연속 최하위를 기록하고 있다.

또한 세계경제포럼(World economic forum)에서 발표한 2022년 글로벌 성별 격차 지수에서도 우리나라는 146개국 중에서 100위를 차지했다.

실질 지표와 심리 지표는 항상 괴리감이 있듯이 발표된 결과와 한국인이 체감하는 정도는 차이가 있다. 이 부분은 논외로 한다.

우리나라와 같이 유교문화권인 중국과 일본에서 여성과 아줌마에 대한 인식은 어떠한지 살펴본다.

여성에 대한
중국의 인식[*]

    중국의 여성에 대한 사회적 인식은 시대에 따라 큰 변화를 겪었다. 고대 하왕조 시기, 중국은 모계 씨족사회로 여성의 지위가 남성보다 높았던 시절이 있었다. 이 시기에는 여성들이 사회에서 중요한 역할을 수행하며 남성과 동등하거나 그 이상의 위치를 차지할 수 있었다. 진한, 위진 남북조 시대까지도 여성은 남성과 동등한 지위를 유지할 수 있었고, 이 시기의 여성들은 비교적 자유롭게 혼인할 수 있었다.

    그러나 수·당 시대에 들어서면서 중국 사회는 점차 남성 중심적으로 기울기 시작했다.

    이 시기에도 여성들은 여전히 독자적인 지위를 유지하고 있었지만, 남성의 지배력이 강화되는 경향이 나타나기 시작했다. 이러한 변화는 송나라 대에 들어 본격화되었고, 여성의 권익은 점차 경시

---

[*] 본 장의 내용은 류링, 이은미 옮김, 《중국 여성》을 전반적으로 참고했다.

되었다. 이 시기부터 여성의 신체를 억압하는 전족이라는 악습이 성행하기 시작했다. 전족은 작은 발을 미의 기준으로 삼아 여성의 정상적인 발육을 억제하고, 이를 통해 여성의 활동을 제한하고 출산 도구로서의 역할을 강조하는 수단이었다.

명 · 청 시대에 이르러 봉건 세력이 강화되면서 여성의 삶과 결혼의 자유는 더욱 억압당했다. 여성의 권리를 박탈하는 규범들이 만들어지며, 여성들은 사회에서 점점 더 억눌린 존재로 전락하게 되었다.

약 900여 년간 유교 이데올로기와 봉건적 관습에 의해 억압되어 왔던 중국 여성의 지위는 마오쩌둥 등장 이후 변화를 맞이한다.

중국 공산당은 공산 혁명을 위한 전략의 일환으로 여성 해방을 주장하며, 전통적 여성관에 반대하는 입장을 취했다. 이를 위해 1926년 10월 중국 공산당 중앙위원회에 여성 업무를 담당하는 중앙부녀위원회를 설치했다. 중국 본토를 장악하고 나서 1950년대 대약진운동과 인민공사 같은 프로파간다 운동을 통해 여성들을 집 밖으로 이끌어 내기 시작했다.

"여성은 하늘의 반을 떠받칠 수 있다"는 구호는 당시의 분위기를 잘 보여 준다. 완전한 남녀평등을 추구하는 듯한 제스처를 취하긴 했지만, 여성 지위 향상을 위한 실효적인 정책은 미흡했다. 여성 해방을 사회주의 혁명을 위한 수단으로 여겼기 때문이다. 1970년대

경제 개혁과 함께 여성의 경제 활동이 활발해지면서 또 한 번의 전환기가 도래한다. 중국 정부는 각종 법규(헌법, 혼인법, 선거법)를 통해 여성의 권리와 의무에 대해 명확한 규정을 만들게 되는데, 이때부터 중국 여성은 남성과 동등한 사회적 권리를 갖게 된다.

대륙의 따마

중국에서 아줌마를 지칭하는 단어는 몇 개 있다. 상해와 광저우 같은 남방 지역에서는 '아이(阿姨)', 1980~90년대생 젊은 아줌마는 '라마(辣妈)', 그리고 극성스런 아줌마는 '따마(大妈)'라고 한다.

대체로 따마는 가사를 돌보며 도시에 사는 50~60대 주부를 뜻한다. 1960년 전후 마오쩌둥 시대에 태어난 이들은 대약진운동의 집단 노동에 강제 참여하게 되고, 문화대혁명 중반 이후에는 홍위병으로 활동하게 된다. 이후 마오쩌둥은 홍위병의 세력이 커지자 '하방 운동'이라는 명목하에 이들을 시골로 내려 보낸다. 1980년대 개혁·개방 시대에 사회에 진출할 기회가 있었지만 저학력의 여성에는 기회가 주어지지 않았다. 일부 무상으로 제공받은 주택과 아파트가 1990년대부터 재개발되고 가격이 폭등하면서 이들은 경제적 여유를 갖게 되었다. 과거 글로벌 요우커가 되어 한국의 면세점에서 제품을 싹쓸이한 세대가 바로 이들 따마 세대다. 이들의 상징 중 하나는 광장에서 떼춤을 추는 광장무(廣場舞)다. 이는 홍위병 시절, 광장이 그들의 주 활동 무대였다는 사실과 관련이 있다. 당시 사회 고위인사들이 그들 앞에서 무릎 꿇고 잘못을 빌던 장면은 여전히 그들의 기억 속에 남아 있을 것이다. 그들은 집단적 사고와 비교·모방 심리도 강한 세대로 묘사된다. 중국의 젊은 세대가 이들을 보는 시선은 좋지 않다. 비 오는 날, 지하 주차장에서 차를 막아서고 떼춤을 추기도 하기 때문이다. 그들 사이에는 세대 갈등도 있다. 하지만 따마라고 불리는 것에 관해 중국인들 사이에 큰 거부감이 있지는 않다.

여성에 대한
일본의 인식*

　고대 일본 역시 모계사회로서 여성의 지위나 권위가 남성보다 높았거나 적어도 평등했다. '태초에 여성은 태양이었다'는 당시의 관념이 그것을 말해 준다.

　이런 모습은 고대 일본의 결혼 제도에서도 잘 나타난다. '방처혼(訪妻婚)'은, 혼인 후 부부가 각자의 집에서 거주하다 부부관계를 갖고 싶으면 남성이 여성에게 청을 넣고 여성의 집을 방문하는 방식이었다. 당시 결혼 생활은 그렇게 여성 위주였다. 이후 혼인 제도가 이 같은 방처혼에서 초서혼(招壻婚)으로 바뀌면서 부계 사회로 넘어갔다. 초서혼이란 남자가 여자의 집에 데릴사위로 들어가는 방식으로서 자녀들은 남성의 계보를 따랐다. 특히 막부시대(1336~1868년) 500여 년 동안 일본 여성들은 남성들의 소유물이 되어 정략적으로 이용되기도 했고 가정에서 부인은 남편에게 절대 복

* 본 장의 내용은 츠위화, 김현정 옮김, 《일본 여성》을 전반적으로 참고했다.

종하는 존재로 전락하고 말았다.

앞에서 설명한 '현모양처'는 1868년 메이지 유신 이후 등장했다. 이전까지는 서로 분리된 현모와 양처는 당시 일본의 계몽 사상가인 후쿠지와 유키치(福澤諭吉)에 의해 결합되어, 이상적 여성상을 가리키는 -사실은, 여성은 남성보다 하위로서 남성을 위해 봉사하고 남성에게 복종해야 한다는 이데올로기를 주입하기 위한- 낱말로 재탄생했다. 이런 맥락에서 일본의 초대 문부대신인 모리 아리노리(森有礼)는 여학교가 현모양처 배출의 요람이 되어야 한다고 강제하기도 했다.

이러한 현모양처 교육에 저항이 없었던 것은 아니다. 시민운동가인 히라스카 라이초(平塚雷鳥)는 1911년 9월 다음과 같이 주장했다. "태초에 여성은 태양이었지만 지금은 타인에게 의지해야만 살 수 있는 창백한 얼굴을 가진 달과 같다. 우리는 이제 오랫동안 가려져 있던 태양을 되찾아야 한다." 그는 여권 신장 운동을 벌이기도 했지만 사회 분위기를 반전시키는 데에는 실패했다.

현재 일본 여성은 한국과 중국의 여성에 비해 남성에게 순종적인 이미지가 강한 편이다. 사회 전반적으로도 보수성이 강하다.

열도의 오바따리앙

일반적으로 일본에서 아줌마를 뜻하는 단어는 '오바상(おばさ
ん)'이다. 이는, 우리나라와 마찬가지로, 중년 여성을 가리키는데
아줌마보다 아주머니의 느낌이고, 오바상이 상징하는 이미지는 '편
안함'이다. 그 밖에 주부 외환투자가들을 지칭하는 '와타나베 부인'
이라는 표현도 있다. 그렇지만 극성스런 아줌마들을 지칭할 경우에
는 '오바따리앙(おばたりあん)'이라는 용어가 사용된다. 이는 일본
관서지방, 특히 오사카 쪽에서 많이 쓰인다.

일본에서 '오바따리앙'은 코미디 소재로 많이 등장하는데 〈내 여
동생은 오바따리앙〉 같은 TV드라마도 있다. 일본 간사이TV가 '오
바따리앙' 특징에 관해 설문조사를 했는데 결과를 보면 다음과 같
다.

"소리가 크다. 성격이 급하고 뻔뻔하다. 파워풀하고 저돌적이다.
공짜는 무조건 받는다. 잘 웃는다. 좌석이 비어 있으면 무리해서라
도 앉는다. 정이 많다. 연예인보다 재미있다. 특유의 입담과 뻔뻔한

사교성이 있다. 그리고 언제나 사탕을 들고 다닌다(이유는 사탕이
있으면 말 걸기 쉽기 때문이다)."

한국에서만큼의 멸칭은 아니지만 '오바따리앙'이라고 불리면 일
본 여성은 거의 예외 없이 기분 나빠한다.

좌부터 신윤복의 〈미인도〉, 리펑미앤의 〈여인〉, 토리이 키요미쓰의 〈눈〉

여성에 대한 인식 변화와 아줌마에 대한 사회적 평가 속에서, 여
성들은 자신의 정체성과 사회적 역할을 드러내는 다양한 방식들을
모색해 왔다. 그중에서도 화장과 화장품은 여성들이 자신의 이미지
를 형성하고, 사회적 기대에 부응하며, 때로는 이를 넘어서기 위한
중요한 도구로 자리매김해 왔다. 이러한 과정에서 화장품은 단순한
미용 제품을 넘어 여성의 삶과 밀접한 연관을 맺게 되었다. 특히 한
국에서는 화장품의 발전과 함께 방문 판매라는 독특한 유통 방식을
통해 여성들이 사회적·경제적 활동에 참여할 수 있는 기회가 열렸

으며, 이는 오늘날 K-뷰티의 글로벌 성장에까지 이어졌다. 이제, 우리나라에서 화장품이 어떻게 발전해 왔고, 이와 더불어 방문 판매가 어떤 역할을 해 왔는지 그 역사를 살펴본다.

우리나라의 화장품 역사

　화장의 역사는, 현존 고고학 유적을 볼 때, 동서양을 막론하고 매우 오래되었다. 하지만 근대적 의미의 화장품 산업은 19세기 말 튜브가 개발되면서 본격적으로 등장했다고 볼 수 있다. 그 후 1905년 찰스 네슬러(Charles Nessler)가 모발 웨이브를 위한 열 퍼머 방식을 개발하고 1936년 영국 스피크맨(Speakman)이 콜드 퍼머 방식을 선보이면서 화장품 산업은 급성장하게 된다.

　우리나라의 경우, 고대 한반도 동북부에 살았던 말갈인들이 하얀 피부를 위해 오줌으로 세수를 했던 풍습과 읍루인들이 겨울에 돼지기름으로 피부를 부드럽게 하고 동상을 예방했던 것 등을 화장품 역사의 시작으로 간주하고 있다. 낙랑에서는 머리털을 뽑아 이마를 넓히기도 했고 마한이나 변진 사람들은 문신도 했다.

　그 후 삼국시대에는 화장이 성행한 것으로 보인다. 평안남도 수산리 벽화의 귀부인과 시녀의 뺨과 입술이 연지로 단장되어 있는 점에서, 18세기 초 일본에서 간행된 《화한삼재도회(和漢三才圖

會)》에서 ‘일본인들이 백제로부터 화장품 제조 기술과 화장 기술을 익혔다’고 한 데에서, 신라 화랑이 화장을 한 데에서 그러한 사실을 충분히 짐작할 수 있다.

궁중 문화가 발전한 통일 신라시대와 고려시대에는 궁녀와 규방을 통해 화장품과 화장 기술이 일반인에게까지 퍼졌다. 692년에 연분을 제조할 만큼 화장이 보편화되었고, 고려인들의 풍속을 기록한 《고려도경》에는 여성들의 화장에 대해 비교적 소상히 기록되어 있다.

조선조는 더욱 많은 흔적을 남기고 있다. 선조 대(16세기 후반)에는 화장수인 ‘조의로’가 등장했고, 순조 대(19세기 초)의 《규합총서(閨閤叢書)》는 달걀을 이용한 겨울철 살 트임 방지 등의 미용법을 수록하고 있다. 분(紛)과 향(香)을 제조하는 ‘분장’, ‘향장’이라는 국가 기관도 있었다.

1876년 강화도 조약 후 신문물이 유입되기 시작했는데, 화장품은 그중 하나로서 초기에는 일본과 청나라에서, 이후 유럽(주로 프랑스) 등지에서 수입되었다.

한편 상투가 사라지면서 남성들은 모발 정돈을 위해 포마드와 같은 미용제품에 관심을 갖게 되었다. 1950년대 들어 해외·밀수 화장품이 넘쳐나게 되었고, 1960년대에는 국산 화장품이 생산되면서 제대로 된 유통망이 필요해졌다. 당시에는 몇몇 도매상들이 장악하

고 있던 유통시장에 1964년 태평양화학(현 아모레퍼시픽)이 화장
품 방문 판매 제도를 도입했고, 이는 그로부터 30여 년간 주요 유통
경로로 작동했다.

화장품과 방문 판매

우리나라 화장품 방문 판매원의 역사는 조선시대 방물장수로 거슬러 올라간다. 방물장수는 육의전에서 물건을 구입하여 전국 각지를 다니며 고객에게 판매했다. 이렇게 화장품을 판매하던 상인을 숙종 대에는 '매분구(賣粉嫗)'라 불렀는데 '매분구'들은 그 당시 외출이 자유롭지 못했던 여성들이 화장품과 화장도구 등을 구할 수 있는 창구가 되었다.

현대적 의미의 화장품 방문 판매는 1886년 미국 에이본(에이본 레이디)이 시작했고, 이것은 1929년 일본 폴라(폴라 레이디)로 전해졌다. 우리나라에서는 1962년 성미 쥬리아가 방판을 도입했으나 유통 구조로서 형태를 갖춘 것은 1964년 태평양화학이었다.

태평양화학은 일본 시세이도와 기술 제휴를 통해 아모레라는 브랜드를 만들었는데 이 브랜드는 전적으로 방문 판매를 목적으로 했다. 태평양화학은 당시 약 37만 명에 이르던 전쟁 미망인을 대상으로 방문 판매원을 모집했고 판매원은 '아모레 아줌마'로 불렀다. 여성의 일자리가 교환수, 버스 차장, 삯바느질, 식모 등과 같이 극소수에 불과하던 시절에 태평양화학은 '미용 사원' 제도를 갖추어 방문 판매원들에게 미용 지식, 세일즈 방법, 미용법 등을 교육했다. 사업 초 수백 명에 불과했던 아모레 방문 판매원은 그 후 급속히 늘어나 2016년에는 3만 6천 명에 이르렀고, 방판은 1980년대 중반까지 회사 매출의 90%를 차지했다. 오늘날 아모레퍼시픽이 화장품 업계 톱메이커 및 글로벌 기업으로 도약한 배경에는 '아모레 아줌마'가 있었던 것이다.

방문 판매는 화장품 업계 전체로 퍼져 나가 화장품 시장을 급격히 성장시켰고 1980년대 중반까지 화장품 유통의 80% 이상을 차지할 정도로 황금기를 누렸다. 그 후부터 지금까지 약 30년 동안 방문 판매는 크고 작은 부침과 변화를 겪으면서도 한국 화장품 산업의 중심부에 있었다. 이러한 양상을 이해할 수 있게 해 주는 열쇠로서 한국 특유의 인구 구조와 문화가 언급된다. 예컨대, 글로벌 컨설팅 기업인 맥킨지는 한국의 높은 인구밀도와 인간관계 중심의 문화가 방판 문화를 자리 잡게 만든 근본 원인이라고 분석했다. 또한 여성들 사이의 유대관계가 다른 나라 경우에 비해 긴밀한 데다, 여성들이 교육, 건강 같은 정보를 공유하면서 일체감을 느끼려 하는 정서를 갖고 있어 그런 유대관계와 정서가 방판 사업 활성화의 동력이라 진단했다.

전체 화장품 시장의 80% 이상을 차지하던 방판은 1980년대 중반 화장품 '코너점'이라 불리던 전문점이 출현하면서 위축되기 시작했다. 당시 전문점은 웬만한 화장품 브랜드는 물론 화장 도구와 스타킹과 같은 여성 용품도 취급한 데다 상시 고율의 할인 판매를 제공했기에 정가 판매를 하던 방문 판매를 흔들었던 것이다. 한때 국내 화장품 전문점은 약 2만 개에 이를 정도였다. 이에 더해 암웨이(1991년 5월 한국 진출)를 필두로 한 합법적 다단계 기업들이 출현함으로써 인적 판매 유통 분야는 더욱 치열한 경쟁구도를 갖게 되었다.

전문점과 다단계 기업들이 유발한 전방위적 경쟁으로 침체를 거듭하던 방문 판매는 1990년대 중반부터 다시 부흥기를 맞이하게 된다. 그 계기는, 1990년대 초반 코리아나화장품이 방판의 또 다른 형태인 직판 시스템을 도입한 데 있다. 이전의 방문 판매는 대리점 체제였고 방문 판매원들도 대리점 소속이었던 데 비해 코리아나는 모집된 방문 판매원과 판매 위촉 계약을 맺어 그들을 회사 소속으로 대우했으며 성과에 대해서는 승진을 약속했다. 직판 사업장은 회사의 직접 투자로 개설되었고 환경 면에서 대리점보다 우수했다. 직판 형태의 방문 판매는 당시 10대 화장품 기업에 의해 채택되었고 그에 따라 시장규모가 크게 성장했다. 이 판매방식은 1997년 외환위기 때 큰 힘을 발휘했다. 이는 수치로도 증명된다. 1996

년 아모레퍼시픽의 매출은 6462억 원이었는데 외환 위기가 발생했던 1998년에는 6680억 원, 그다음 2년 동안 6840억 원, 7930억 원으로 늘어나 연평균 12.5%의 성장세를 보였다. 코리아나화장품 또한 1996년 매출 2000억 원을 달성한 후 1998년 2433억 원, 1999년 2760억 원, 2000년 3060억 원의 매출을 기록했다.

그러나 직판 시스템을 통해 제2의 부흥기를 구가했던 국내 방문 판매는 '카드 대란'으로 불리던 사태로 인해 또다시 침체기를 맞이하게 된다. '카드 대란(card大亂)'은 2002년부터 2006년 사이 신용카드 규제 완화에 따른 과잉 소비로 인해 신용불량자가 양산되었던 사태를 말한다. 방문 판매에서는 고객과의 친밀 관계를 바탕으로 외상 거래가 관행처럼 이루어졌던 터라 '카드 대란'이 일어나자 크게 불안정해지게 된다. 더욱이 2000년대 초반에는 한국에만 존재하는 원브랜드숍(One brand shop) 영향으로 방문 판매가 더욱 위축하게 된다.

그러다 2010년대 중국의 한국 화장품 특수는 -적어도 외형상- 방문 판매에게 기회로 다가왔다. 특히 중국에서 인지도가 높은 '설화수'와 '후'는 방문 판매에 새로운 성장 기회를 제공했다. 즉, 당시 설화수와 후는 주로 방판 방식(70~80%)으로 판매되었는데, 중국 중간상(따이궁)들이 방판 대리점을 통해 해당 제품을 (비공식적으로) 구매해 중국에서 판매했던 것이다.

2020년 발발한 코로나19로 대면 접촉이 금지되거나 매우 제한적이었던 탓에 방문 판매는 또다시 위기를 맞이했다. 그 여파 속에서 방문 판매는 아날로그(대면) 판매의 노하우와 디지털 기술의 접목을 시도 중이며 이 같은 진화는 2024년도 현재 진행형이다.

앞에서 설명했듯이 우리나라 화장품 방문 판매는 수십 년 역사 속에서 시대 변화에 따라 부침과 진화를 거듭해 왔다. 60년 전 우리나라 곳곳에 뿌려졌던 방문 판매의 씨앗은 30여 년간 화장품 유통의 중심이 되어 화장품 산업의 큰 숲을 이루는 데에 기여했다. **즉 현재 K-뷰티의 세계적 개화는 방판이라는 모종과 진화의 배아에 의해 가능했고, 그 밑거름은 방문 판매원이었던 것이다.**

방문 판매가 어떻게 이토록 오랫동안 부침과 진화를 거듭할 수 있었으며, 어떤 요소들이 K-뷰티의 글로벌 개화를 이끌 수 있었는지 궁금하다.

내 경험을 인문학적 관점에서 풀어 보자면 방문 판매의 힘을 다음과 같이 세 가지로 정리할 수 있다.

방판의 첫 번째 힘:
모질게 만들어진 모성애

방문 판매원의 80% 이상은 기혼 여성, 흔히 말하는 '아줌마'다. 여성, 특히 자녀를 둔 여성의 특징을 얘기할 때 빠지지 않는 것 중 하나가 모성애다. 부성애에 비해 부각되는 여성의 모성애가 본능적인 것인지, 아니면 만들어진 것인지에 대한 논쟁이 뜨거웠던 적이 있을 정도다.

먼저, 모성애가 본능적이라는 주장은 프로게스테론(progesterone), 에스트로겐(estrogen), 프로락틴(prolactin), 옥시토신(oxytocin) 등의 네 가지 여성 호르몬과 관련 있다.

프로게스테론은 임신 유지를 돕는 호르몬으로, 임신 초기부터 자궁 내막을 두껍게 하여 수정란이 잘 착상되도록 돕는다. 에스트로겐은 여성의 생리 주기를 조절하고 임신을 유지하는 역할을 한다. 자궁과 태아의 성장을 돕고, 출산 후에는 모유 생산을 준비한다. 프로게스테론과 에스트로겐은 난소에서 분비되는 성 호르몬으로서 이 두 호르몬이 균형을 이뤄야 정서적 안정과 긍정적인 감정을 유발해 아기에게 더 애착을 갖는다고 한다. 프로락틴은 주로 모유 생산을 촉진하는 호르몬으로, 출산 후 모유 수유를 통해 아기와의 신체적 유대감을 형성하게 한다. 이런 이유로 프로락틴은 '애정 호르몬'으로 불린다. 옥시토신은 분만할 때 농도가 최고조에 달하고 출산 후에는 프로락틴을 분비시켜 모유가 잘 나오게 한다.

한편, 모성애가 사회적 결과물이라는 견해도 있다. 프랑스의 철학자 엘리자베트 바댕테르는 그의 저서 《만들어진 모성》에서 '모성애는 여성의 본능'이라는 명제에 대해 의문을 품고 심리학, 정신분석학, 사회학, 역사, 철학 등 다양한 분야의 자료를 참고해, "모성애란 본래부터 당연히 존재하는 것이 아니라 만들어진 것"이라고 결론 내렸다. 모성애는 본능이 아닌 근대에 만들어진 역사적 산물이라는 것이다. 때문에 "모성애란 하나의 감정에 지나지 않으며, 그렇기 때문에 모성애라는 감정은 본질적으로 우발적일 수밖에 없다."고 했다.

이 같은 논쟁을 떠나 한국 여성의 모성애는 남다르다. 한국 사회에서 모성은 헌신적으로 희생하며 자녀를 교육하고 보듬는 모습이고 부성은 엄하고 강인한 모습으로 자리 잡고 있다.

우리나라 모성애가 강한 이유는 대체로 유교적 전통에서 그 뿌리를 찾을 수 있다. 남편을 뒷받침하는 한편 자녀 양육과 가사를 전담

하는 '희생하는 여인상'이 바로 그것이다. 연세대 사회학과 김호기 교수는 "한국 엄마의 강인함은 같은 유교 문화권인 중국·일본·베트남과는 또 다른 독특한 현상"이라며 "유교적 전통 외에 분단과 전쟁, 산업화와 민주화 등 격동의 한국사에서 그 원인을 찾을 수 있을 것"이라고 진단했다. 즉, 격변기를 거치면서, 여성의 바깥 활동에 비우호적이던 사회에 그나마 남아 있던 사회적 자아 실현의 기회마저 증발하게 되었고 그 결과 여성들은 자녀를 통해 자신의 꿈과 욕망을 성취하는 사회적 대리만족 구조가 형성된 것이라는 취지다. 한국 여성의 모성애는 심지어 남편에게까지 뻗어 있다.

태평양화학이 전쟁 미망인을 대상으로 방문 판매원을 모집하던 1960년대에 국가 경제는 전쟁 후유증 속에서 신음하고 있었다. 1963년 1인당 국민소득(GNI)은 100달러로, 당시 가나(208달러), 캄보디아(188달러)보다 낮았다. 20년이 지난 1987년도라고 해야 3480달러로 지금의 이라크와 가봉 수준에 불과했다. 그만큼 경제규모가 작고 제반 산업이 크게 발전하지 않았다는 것을 가늠해 볼 수 있다.

이처럼 경제활동 기회가 열악하던 상황에서 그나마 자본의 부담 없이 시작할 수 있는 일 중 하나가 방문 판매였다. 방문 판매는 가전제품, 보험, 서적 등에서도 볼 수 있었으나 이 품목들에서는 남성 고객도 상대해야 했기 때문에, 화장품 방문 판매는 여성에게 최적일 수밖에 없었다. 그 결과 1960년대부터 1980년대 중반까지, 화장품의 국내 유통이 방문 판매에 의해 이루어지던(80% 이상) 기간 동안 방문 판매원의 절대 다수(90% 정도)가 기혼 여성이었다. 이들은 미망인으로서, 또는 무직·실직 상태의 남편을 대신해서 방문 판매를 통해 가정 경제를 책임졌고 양가 부모들을 부양했다. 이들 방문 판매원들은 사회적 강요든 본능적이든 위기 때 강한 힘을 발휘했다.

1997년 외환위기 때 실업률은 20%에 육박했고 금리는 치솟아 대출도 어려웠다. 그때 제2의 국채 보상 운동이라고도 불리는 '금 모으기' 운동이 일어났고 그 주인공은 집집마다 금을 들고 나온 주부(기혼 여성)들이었다. 그리고 이들은 가정 경제를 지키기 위해 일자리를 찾아 밖으로 나왔다. 이는 앞서 설명한 것처럼 가계 소득은 물론 기업 실적으로도 이어졌다.

기혼 여성의 적극성을 보여 주는 또 다른 사례는 렌탈 비즈니스의 탄생이다. 한국에서 렌탈 사업은 외환위기 직후(1998년) 웅진그룹이 '코웨이 레이디(코디)'라는 판매 방식을 만들면서 시작했다.

코디 시스템은 정수기를 대여해 주고 두 달에 한 번씩 관리해 주는 형태였는데 처음 80여 명이던 코디는 2021년 기준 약 1만 3000명으로 증가했는데, 그중 여성이 90%였고, 최다 연령대는 40~50대였다.

오래전 '한국 지형에 강하다'라는 휴대폰 광고 카피가 생각난다. 이것을 지금 맥락에 녹여 본다면, '위기에 강하다: 아줌마'라고 말해도 될 듯싶다.

방판의 두 번째 힘:
본능적 소비 욕망

미국 하버드 경영대학원의 제럴드 잘트먼 교수는 쇼핑몰에 있는 여성들의 뇌 속 혈류 및 뇌파를 관찰한 결과, 마음에 드는 물건이 눈에 띄면 뇌의 혈액이 특수한 흐름을 보이며 이것은 여자들에게 보편적인 생리 현상이라는 실험결과를 발표했다.

미국의 위클리 월드 뉴스는 〈쇼핑하는 여성은 젊어진다〉라는 제목의 기사를 실었다. 그에 따르면, 일주일에 17시간 이상 쇼핑을 하거나 200달러 이상 소비한 여성들이 그렇지 않은 여성들보다 훨씬 건강했으며 외적으로도 더 젊어 보였고(적은 주름, 맑고 윤기 나는 피부) 더 날씬했다. 이 실험결과와 기사를 참고하자면, 쇼핑은 여성의 본능이다.

우리나라 화장품 방문 판매원의 중추는 40~60대 중년 여성들이다. 이들은 경제고도성장(1960~70년대)과 민주화, 그리고 외환위기까지 경험한 세대다. 그들은 이전 세대에 비해 교육수준이 높고(고졸 46%, 대졸 이상이 약 25%) 경제활동 참여도, 정보습득 능력,

문화적 자산 측면에서 우수하다. 한편 부모 봉양, 자녀 양육이라는 두 가지 부담을 떠안았기에 샌드위치 세대로 불리기도 한다.

이러한 특성 때문에 여성 방문 판매원의 소비 욕구도 크게 두 가지로 나타난다. 자기 실현, 자존감 등 개인 정체성과 관련된 욕구와 가족의 지위와 관련된 욕구다.

먼저, 일반적으로 남성들이 무언가 지배하는 데에서 자존감을 얻는 데 비해, 여성들은 사회적 비교에서 얻는 경향이 있다. 우스갯소리로, 여성들은 사람을 만나면 단번에 위에서 아래까지 스캔한다고 한다. 이 말은 곧 타인의 외모에 대한 평가가 여성들 사이에서는, 어찌 보면, 본능적일 만큼 보편적임을 알려 준다. 이처럼 관계성에 기반한 자존감은 감성적·즉흥적 소비로 이어지는 경우가 많으며 외모와 관련한 소비에서 현저하다.

방문 판매에 있어 고객과의 관계, 다른 판매원과의 관계는 -이 관계에서 여성의 외모 평가 본능도 잠재되어 있는 듯하다- 업무 성과를 결정짓는다. 때문에 여성으로서 방문 판매원의 소비 욕구는 개인 정체성과 깊은 관련이 있다.

그리고 가족의 지위와 관련된 방문 판매원들의 소비 욕구에는 모성애가 많은 영향을 미친다. 일로 인해 자녀를 제대로 돌보지 못한다는 미안한 마음이 자녀의 의복이나 건강, 교육에 관한 소비 욕구를 강하게 만드는 경향이 있다.

방문 판매원은 제품 판매 주체이자 개인과 가족의 지위 향상을 위해 소비하는 주체이기도 하다. 기업별 차이가 있기는 하지만 방문 판매 매출의 최소 10%가량은 실제로 판매원의 자가 소비에 의해 발생한다. 화장품을 구매할 목적으로 판매원에 가입하거나 가정 경제와 관계없이 방문 판매업을 하는 여성도 적지 않다. 이들 중 상당수는 소비 본능과 관련 있다. 스스로 벌어 마음대로 소비하고 싶은 것이다.

방판의 세 번째 힘:
정(情)과 흥(興)으로 빚어진 공감 능력

2008년 노벨 문학상 수상 작가인 르 클레지오(Jean-Marie Gustave Le Clezio)는 "(한국어의) 정이란 개념이 참 오묘하고, 독특하다. 영어, 불어 사전을 뒤져 봐도 번역할 길이 없다"며 〈아리랑〉을 예시로 한국 문화 전반이 정의 영향을 깊게 받고 있다고 평가했다.

정든 사람, 비정한 사람, 무정한 사람, 미운 정, 고운 정 등 다양한 표현이 있을 정도로 한국인의 교류 정서를 대표하는 것이 '정(情)'이다. 우리는 그것을 사람들과의 친숙함, 편안함, 가족같이 흉허물 없는 관계에서 느낄 수 있다. 그래서 정은 공동체 문화 속에서 강하다. 우리의 두레와 품앗이 전통의 기저에는 정이라는 정서가 깔려 있지 싶다.

이런 인적 친밀감 · 끈끈함은 인간관계 · 접촉에 의한 판매법이 한국에서 성공하는 데에 밑바탕이 되었다. 즉, 친밀한 관계의 사람들 (가족, 친구, 지인)을 매개체로 방문 판매자와 잠재적 구매자가 되어 만나게 되고 판매자가 고객과의 사이에서 각종(인적, 지역적, 학

연적) 공통분모를 찾아내 친밀감이나 끈끈함의 분위기를 조성하면 그것이 제품 판매로 이어졌던 것이다.

한편, 정과 함께 보편적인 정서로 자주 언급되는 것은 '흥(興)'이다. 우리는 감정이 즐겁게 요동칠 때 '흥에 겹다', '흥이 난다', '(뭔가가) 흥을 돋운다' 등의 표현을 한다. 공적이건 사적이건, 한국인들이 모이는 기회에 -특히 자리가 무르익을수록- 질펀한 음주와 가무가 빠지는 법은 거의 없다. 그건 고대에도 마찬가지였던지, 《삼국지》〈위지〉〈동이전〉이 전하는 우리 조상의 모습도 현재의 우리와 별반 다르지 않다. 흥은 이렇듯 한국인 정서의 핵심이다. 그런 흥이 현대에 와서 가장 잘 표출되는 곳 중 하나가 노래방이다. 노래방은 일본의 가라오케에서 시작했지만 그것은 한국에서 코인 노래방, 휴대용 노래방 기기·마이크, 노래방 앱 등으로 진화하며 사회·문화로서 꽃을 피웠다.

'흥'이라는 요소는 방문 판매에서 쉽게 발견된다. 사업장에서는 오전에 업무 개시에 앞서 화장품 지식에서부터 고객 개척 및 관리, 리쿠르트에 이르기까지 대인 관계에서 필요한 사항들에 관해 교육이 진행되는데, 이런 교육은 늘 활기찬 노래나 즐거운 게임, 때때로 맛있는 음식과 결부되어 있다. '흥'은 방문 판매원들의 인센티브 투어에서도 중요한 요소다. 이 여행은 단순 관광이 아니라 회사가 제공하는 일종의 포상 휴가로서, 참가자들은 사례와 노하우를 공유하는 한편 음주와 가무를 통해 마음껏 '흥'을 뿜어내며 그동안의 업무 스트레스를 씻어 낸다.

이처럼 우리의 방문 판매에는 '정'과 '흥'이 흠뻑 녹아 있다. 방문 판매의 매출 성과는 정서적 공감 능력이 없으면 쉽지 않다. 우리나라 방문 판매원들은 상대방과 대화하면서 끊임없이 맞장구를 치거나 추임새를 넣는다. 사람과의 상호 관

(자료: 방문 판매 사업장)

계에서 정과 흥이 만들어 낸 이러한 공감 능력은 큰 힘을 발휘한다. 공감꾼 유전자를 가진 한국인 중에서도 그들은 훈련을 통해 프로페셔널한 공감꾼으로 거듭난 사람들이다.

K-뷰티 탐미

: 다섯 가지 힘

"외모가 인생의 모든 것은 아니지만,

사회에서는 때때로 그 이상의 의미를 지닌다."

- 알랭 드 보통(Alain de Botton)

2장

생존

1956년 존 메카시가 '인공지능(AI)' 개념을 고안한 이래, 비약적인 기술의 발전과 함께 AI는 우리 삶 속에 스며들고 있다. 저명한 미래학자인 마틴 포드는 AI는 전기와 같이 어디에서나 존재하게 될 것이라고 예견했다. 실제로 AI는 제조, 유통, 의료, 금융 등 다양한 산업 분야를 혁신하고 있고, 가정, 직장 등 일상 곳곳에 자리 잡고 있다. 한국 마이크로소프트(MS)가 발표한 〈글로벌 업무동향지표 2024〉 보고서에 따르면 전 세계 근로자의 75%(한국의 경우 73%)가 직장에서 AI를 사용하는 것으로 조사됐다. 이제 AI 역량은 취업과 업무의 필수요소가 되었다.

한편으론, 정교한 AI로 무장된 로봇이 인간처럼 감정을 복제하거나 조작해서 인간을 위협할 것이라는 윤리적 문제도 대두되고 있다. 공상과학 영화 속에나 등장할 법한 이야기가 현실로 다가오고 있는 것이다. 또한 영화 〈그녀(Her)〉에서처럼 인간과 AI가 사랑에 빠지는 것도 가능할 것처럼 보인다. 사람처럼 보고 듣고 감정을 담아 말하는 기술이 최근 개발되었다.

이러한 산업혁명에 버금가는 AI혁명에도 인류의 아름다움을 향한 질주는 변함없이 계속될 것 같다. 아니, 어쩌면 더욱 거세질지도 모른다.

사실 AI기술은 이미 다양한 형태로 우리의 일상 속에서 미(美)를 경험하는 방식을 변화시키고 있다. 개개인의 피부 분석과 맞춤형 제품 추천, 가상 메이크업 구현, 개인별 맞춤 처방 제조, 감정 반응에 따른 맞춤 향 제공, 그리고 피부 상태에 맞춰 자동으로 작동되는 홈 뷰티 디바이스 등 AI의 적용범위는 점차 확대되고 있다. 이러한 기술의 발전은 우리의 미적 판단과 기준에 개입함으로써, 아름다움(美)의 본질에 대해 다시금 생각하게 만든다.

"아름다움이란 무엇인가?"

철학적으로 아름다움의 본질을 연구하는 학문은 미학(美學)이다. 미학은 사람들이 아름답다고 느끼는 것이 무엇인가를 탐구하는 학문으로, 시대에 따라 연구 대상과 접근 방식이 변해 왔다. 18세기 이전 고전 미학은 이상적인 아름다움을 묻는 일종의 형이상학이었고, 영원히 변하지 않는 '초감각적 존재'로서의 미(美)의 이념을 추구했다.

하지만 근대에 들어서, 미학은 감성적으로 인식된 아름다움을 탐구하는 방향으로 변화했다. 즉, 이념적인 것보다는 어떤 것이 아름다운지 아닌지를 판단하고, 그 과정에서 미적 즐거움을 느끼는 관조적인 미학이 자리 잡게 된 것이다.

건국대 김주현 교수는 그의 저서 《외모 꾸미기 미학과 페미니즘》에서 "근대 미학은 정신과 신체, 남성과 여성, 초월적인 미적 세계와 일상적인 세계를 위계적으로 구분하며, 주로 남성의 시각에서 이루어졌다. 그 결과, 여성의 아름다움은 신체적 미에 국한되었고, 여성은 미적 주체로서 인정받지 못했다"고 지적했다. 이처럼 근대 미학이 남성 중심의 시각에서 발전함에 따라, 여성의 아름다움은 종종 간과되거나 제한된 시각으로 평가되었다.

결론적으로, 원래 미학에서 아름다움이란 비례, 조화, 통일성에 적합한 질서를 의미했지만, 근대에 들어서면서 감각적으로 인식된 아름다움을 다루게 되었고, 남성 중심의 시각에서 형성된 이성과 합리성에 기반한 미의 기준은 시간이 지나면서 더욱 구체화되고 세속화되었다.

개인적 생각으로, 이러한 근대 미학이 외모 지상주의 출현에 영향을 미쳤을 가능성이 있다. 미학과 외모 지상주의는 전혀 다른 개념이지만, 적어도 남성 가부장적 시각과 구체화된 미적 기준은 개인들이 이를 충족시키기 위한 외모 개선 노력을 하게 만든 주요 요인으로 작용했다.

외모 지상주의
(루키즘 · Lookism)

'루키즘'이란 외모가 개인 간의 우열과 성패를 가름한다고 믿어 외모에 지나치게 집착하는 현상을 일컫는 말로서, 1996년 미국《뉴욕 타임스》의 칼럼니스트 윌리엄 새파이어(William Safire)가 인종 차별주의자인 KKK단(백인 우월주의 집단)을 빗대어 처음으로 사용하였다.

외모 지상주의는 1990년대만 해도 우리나라에선 생소한 신조어였지만 2000년대 들어 대중매체 등을 통해 자주 언급되기 시작했고, 지금은 상식과 규범처럼 받아들여지고 있다. 즉, 외모 지상주의는 이제 하나의 현상을 넘어, 우리의 사고 체계에 스며들어 점차 그 영역을 넓혀 가고 있다.

한국의 미의 기준은 시대별로 달랐다. 이화여대 미술사학과 홍선표 교수는 〈한국 미인화의 신체 이미지〉 연구 논문에서, "우리나라 미인의 기준은 삼국시대 풍만한 미인에서 고려시대 우아한 미인으로, 그리고 조선시대에는 요염한 미인으로 시대별로 바뀌어 왔다. 고대에는 여성에게 풍요나 다산, 생식력이 강조돼 통통한 여성이 미인으로 여겨졌다. 그러나 고려시대로 넘어오면서 궁중 문화가 발달하며 궁녀 등 품위 있는 여성이 미의 기준으로 옮겨 간다. 조선시대부터는 이전과는 확연히 다른 미인이 나타나는데, 기생들이 중심이 되면서 정감적이고 육감적인 여성이 미인으로 여겨졌다. 특히 조선 후기 유흥·향락의 주체가 사대부에서 중인으로 넘어오면서 이러한 경향이 더욱 노골화되었다."고 설명했다.

문화평론가들은 현재 한국의 획일화된 미의 기준과 고착화된 외모 지상주의는 2000년대부터 본격화되었다고 보고 있다. 그 배경을 알아본다.

외모 지상주의의 첫 번째 배경:
사회적 압박

1957년 5월 《한국일보》 주최로 처음 개최된 미스코리아 선발대회 이후, 다양한 미인대회가 생겨나면서 한국은 '미인대회 공화국'이라는 별칭을 얻었다. 국제대회(미스월드, 미스유니버스, 미스인터내셔널) 한국 대표 선발부터 미스퀸, 미스그랜드, 미스그린, 미스춘향 등의 미인선발대회가 2000년대 들어 시작됐다. 미인선발대회는 외모에 대한 심사와 평가를 통해 순위를 붙이기 때문에, 이를 바라본 일반인들로 하여금 외모에 대한 선입견을 갖게 한다.

TV드라마, 예능, 개그 등 각종 프로그램에서는 예쁜 여성들은 우대받고 못생긴 여성은 홀대받는 장면이 당연한 듯 등장한다. 또한 'V라인 얼굴', 'S라인 몸매' 등 이상적인 외모를 가진 등장 인물들을 열거하면서 미인의 기준을 제시한다. 갸름한 U 자형 얼굴, 황금 비율 1:1.618 등 미디어에서 전파되는 미의 기준은 어느새 '미인은 이런 거야'라는 사회적 압력으로 작용하게 되었고, 사람들은 무의식적으로 이를 따라야 한다고 느끼게 된다. 제시된 미의 기준에 맞추기 위해 성형수술도 마다하지 않는다.

외모에 대한 사회적 압박은 취업 시장에서도 쉽게 확인이 된다. 많은 구직자들이 프로필 사진 전문 스튜디오를 이용해 이력서 사진을 준비하고, 일부 회사에서는 면접 시 관상을 본다는 소문이 돌아 성형수술로 이어지기도 한다. 미국《LA 타임스》는〈외모로 직원을 선택해도 용인되는 곳〉이라는 제목의 기사에서 한국의 외모 지상주의를 비판했다. 기사에서는 지원서에 사진을 첨부해야 하는 한국의 기업 문화를 설명하며, 취업 시즌에 포토샵(사진 보정)이 필수가 되고, 패션 전문점과 미용실이 호황을 누린다고 전했다. 실제 한국 갤럽의 조사에 의해서도, 만 19세 이상 남녀 1500명 중 89%가 "인생에서 외모가 중요하다"고 답했다.

사회적 압박에 의한 외모 중시 풍조는 외모 강박증을 초래하기도 한다. '외모 강박증'의 정식 의학 명칭은 '신체변형장애'라고 한다. 이는 정상적인 용모를 가졌음에도 자신의 외모가 이상하다고 생각하거나, 사소한 외모적 특성에 집착하는 것이 특징이다. 이런 생각에 사로잡히면 사람 만나기를 꺼리게 되거나 성형 중독에 빠질 가능성도 있다. 외모 집착의 원인은 우울증과 같은 개인적 요인뿐만 아니라 사회적 요인도 있다. 환자가 속한 사회가 따르는 외모 기준이 환자에게도 영향을 주기 때문이다.

외모 지상주의의 두 번째 배경: 외모의 계층화

　넷플릭스 드라마 〈마스크걸〉은 외모 콤플렉스를 가진 평범한 직장인 김모미가 마스크를 쓰고 인터넷 방송 BJ로 활동하는 이야기를 다룬다. 드라마에서는 외모가 서열과 운명을 결정짓는 중요한 요소로 그려지며, 이를 변화시키는 방법으로 성형수술만이 답이라고 제시한다. 이 드라마는 외모 지상주의가 만연한 한국 사회의 민낯을 꼬집으며 많은 공감을 얻었다. 다소 과장된 측면도 있지만, 한국 사회에서 외모는 개인의 가치를 결정짓는 주요 기준으로 작동하고 있다.

　'얼짱 문화'는 2000년대 초반에 등장했다. 이는 외모가 뛰어난 사람들이 인터넷과 소셜미디어에서의 인기를 통해 다양한 상업적 기회를 얻는, 한국에만 있는 문화 현상이다.

　'얼짱'은 연예계는 물론 스포츠, 정치권, 심지어는 범죄자에게도 있다. 사람을 납치하고 금품을 빼앗은 혐의로 체포된 남성의 얼굴이 잘생겼다는 이유로 '강도 얼짱'이란 별명이 붙고, 동정 여론까지 생겼다.

학생들 사이에선 '얼짱'이 세습되고 권력화되는 현상이 생겨났고, 인터넷 포털 사이트에서 주최한 얼짱 콘테스트에는 수천 명이 몰리기도 했다. 이 같은 '얼짱 신드롬'은 네티즌들의 새로움에 대한 생산 욕구와 매스미디어의 상업성이 결합된 신(新)문화 코드로 분석되지만, 결국 외모를 통한 '서열화'를 부추기고 외모에 대한 집착과 자기비하 문제를 초래하기도 한다.

외모 계층화는 연예와 결혼시장에서 적나라하게 드러난다. "30대 중반/명문대 출신/대기업/서울 자가." 소개팅 사이트에 올라온 남성들의 소개서다. 남성이 학벌, 자산, 직업을 내세우는 반면, 여성은 얼굴 사진과 나이만 올리면 된다.

학교생활에서도 가정형편에 따라 외모 계층화가 이루어진다. 《세계일보》의 전국 중·고등학교생 대상 조사에 따르면, 10명 중 5명이 가정형편이 학업 성적이나 인기 등에 영향을 미친다고 응답했다. 빈부격차로 인한 상대적 박탈감은 패션(32.5%)에서 특히 심각하게 느껴지고, 학년이 올라갈수록 그 심각성은 증가한다고 했다. 심지어 SNS에 올라온 옷이나 화장품이 외모에 신경 써야 한다는 압박으로 작용한다고도 전했다.

외모 지상주의의 세 번째 배경:
외모의 상업화

2012년부터 3년간 방영된 tvN 리얼리티 프로그램 〈렛미인〉은 외모 상업화의 대표적인 사례다. 신체적 결함을 가진 지원자들에게 무료 성형수술을 제공하는 이 프로그램은 큰 인기를 끌었다. 수천 명의 지원자 중 가장 시급한 한 명을 선정해 수술을 해 주고, 이후 자신감을 되찾은 모습을 보여 주었다. 당시 이 프로그램은 "외모가 삶을 바꿀 수 있다"는 긍정적인 평가와 "성형수술이 정말 필요한가?"라는 논란을 동시에 일으켰다. 〈렛미인〉의 성공 이후, 〈강남언니〉, 〈리얼모델〉 등 유사한 성형 관련 콘텐츠가 대중화되면서 성형수술에 대한 심적 부담이 크게 줄었고, 그 결과, 성형 산업은 현저히 성장했다.

성형수술은 원래 선천적 기형이나 질병, 상해로 인한 신체적 복구를 목적으로 했으나, 이제는 예뻐지기 위한 미용 목적으로 여겨진다. 2022년 기준, 전국의 성형외과 의원은 1106개에 달하고, 인구 1000명당 성형수술 건수는 연간 13.5건으로 세계 1위를 기록하고 있다. 성형을 위해 한국을 찾는 해외 의료관광객도 증가하고 있다. 2009년 8866명에서 2022년 8만 2374명으로 급증했고, 전체 의료관광에서 성형외과의 비중은 28%를 차지한다

　외모 상업화는 디지털 시대에 더욱 뚜렷하게 드러난다. 사람들은 가상세계에서의 이상형에 맞추려고 각고의 노력을 기울인다. 최근에는 AI가 만들어 낸 완벽한 미남, 미녀들과도 경쟁해야 한다. 특히 인플루언서들은 그들의 직업 특성상 얼굴과 몸이 콘텐츠가 되고, 광고와 판매가 이루어지는 플랫폼 역할을 하기 때문에 외모가 중요한 요소로 작용한다. 이들은 얼리어댑터로서 제품의 효능을 몸소 입증하거나 화려한 이미지를 통해 구독을 유도한다. 해시태그로 특정 단어나 문장을 확산시키고, 유튜브 챌린지를 진행하며, '내돈내산' 방식으로 자신을 홍보하는 등 영향력을 키워 가고 있다. 이들이 만들어 내는 강렬한 시각적 이미지는 바로 수익으로 연결된다.
　인플루언서가 아니더라도, 자신을 꾸미고 부캐(서브 캐릭터)를 만들어 커버댄스를 선보이며 자신의 정체성을 표현하는 일반인들도 늘어나고 있다. 이들은 인플루언서의 성공사례에 자극을 받기도 한다. 그곳에서는 늘 새로운 볼거리와 돈벌이가 우리를 기다리고 있다. 따라서 외모 업그레이드는 자존감을 높이고 새로운 기회 탐색을 위한 트렌드 중 하나로 이해되기도 한다.

결국, 외모를 가꾸어 돈을 버는 것, '외모의 상업화'는 디지털 세상에서 더욱 확연하게 이루어지고 있다.

실용적인 생존도구로서의
화장품

외모에 대한 사회적 압박·계층화·상업화를 배경으로 한 외모 지상주의는 외모 차별화와 동일한 개념으로, 이는 사회적 차별에 해당된다. 그러나 사람들은 이러한 현상에 문제를 제기하기보다 오히려 자신을 바꿔야 한다는 인식으로 받아들이고 있다. 이는 대중 매체와 SNS 영향도 있지만, 결국 사회에서 생존하고자 하는 욕구에서 비롯되었기 때문인 것으로 보인다.

고물가, 경기침체 속에 청년 고용률은 46.4%에 불과하다. '주거 절벽', 'N포 세대', '반퇴' 등의 표현에는 치열한 경쟁과 불안한 미래의 의미가 담겨 있다. 한국에서 외모는 오래전부터 경쟁에서 이기기 위한 수단으로 인식되어 왔다. "같은 값이면 다홍치마", "보기 좋은 떡은 먹기도 좋다"라는 속담이 괜히 나온 게 아니다. 이는 시각적 아름다움 즉, 외양을 중시하는 한국인의 사고체계를 반영한다.

사회적 생존이란, 의식주와 같은 생물학적 생존이 달성된 이후, 사회적 존재감과 사회적 위계를 드러내는 행위를 뜻한다. 한국에서 외모는 사회적 생존에 촘촘하게 작용한다. 특히 일부 산업에서는 외모가 채용과 경력에 큰 영향력을 끼치기도 한다.

한국의 외모 지상주의는 공교롭게 화장품 산업의 발전에 기여했다. 홍콩 《사우스차이나모닝포스트(SCMP)》는 한국의 미용 산업을 일컫는 'K-뷰티 산업'의 급성장 배경에는 한국 사회의 외모 지상주의가 자리 잡고 있다고 보도했다. SCMP에 따르면 "올해(2019년) 한국의 미용 산업 규모는 130억 달러(약 14조 원)로 세계 10위 규모다. 스킨케어 화장품 수출만 하더라도 2020년 말, 72억 달러(약 8조 원)에 이를 것으로 전망된다. 한국의 화장품 산업이 이 같은 규모로 성장하는 데는 한국 화장품 제조 기술의 급격한 발전도 일조했지만, 그 이면에는 외모로 여성을 평가하는 획일적인 문화가 자리 잡고 있다"고 지적했다. 또한 "한국에서는 여성의 외모가 사회적 생존을 위한 기본 조건이라는 '뷰티 신화'가 작동하고 있다"고 기사를 마무리했다.

외모가 사회적 생존에 필요한 중요 요소로 작용하면서, 외모를 개선하려는 욕구는 일상화되었고, 대중의 수요 증대는 화장품 산업의 성장을 촉진했다.
외모를 가꾸기 위한 도구로서, 화장품만큼 접근성이 높고 실용적

화장하는 현대인

인 것은 없다. 비용과 위험부담이 상대적으로 적기 때문이다. 한국의 화장품 기업들은 이러한 사회적 흐름을 바탕으로 다양한 제품을 개발하며 국내외 시장에서 경쟁력을 키워 왔다. 이는 한편으로는 기업들이 혁신적인 기술과 마케팅 전략을 통해 세계적으로 성공을 거두며 K-뷰티라는 새로운 산업 트렌드를 형성할 수 있었지만, 다른 한편으로는 치열한 경쟁 속에서 많은 기업이 시장에서 도태되거나 쇠퇴의 길을 걷게 되었다.

K-뷰티 기업의 명암

지난 70여 년간 한국 화장품 산업은 크고 작은 변화를 겪으며 치열한 경쟁 속에서 발전해 왔다. 이 과정에서 산업 패러다임의 중요한 변곡점들이 등장했고, 이에 대한 대응 여부에 따라 기업들의 성패가 극명하게 갈렸다.

1990년대 초반, **국내 유통시장 개방** 이전에 기술 개발에 매진했던 기업들은 외국 기업의 직접 진출과 관계없이 성장할 수 있었지만, 여전히 외국 기업에 의존했던 기업들은 시장에서 점차 지위를 잃어 갔다.

1997년 도입된 **오픈 프라이스 제도**는 또 다른 변곡점이 되었다. 이는 제조사가 가격을 정하지 않고 시장에서 자유롭게 가격이 형성되도록 하는 방식으로, 이전의 고정 가격과 할인 위주의 마케팅 전략에서 벗어나 브랜드 이미지와 품질에 대한 가치 판단이 소비자들 사이에서 중요한 기준이 되었다. 이에 따라 브랜드 아이덴티티와 제품 차별화에 집중했던 기업들은 큰 성장을 이루었지만, 여전히 고율의 할인에 의존하던 기업들은 시장에서 도태되었다.

유통 구조의 변화도 한국 화장품 산업의 판도를 바꾸는 중요한 요인 중 하나였다. 대리점과 방판 중심의 유통 구조는 2000년대 들어 대형마트, H&B 스토어, 온라인 채널로 급격히 이동했고, 특히 2010년대 이후 디지털 시대의 도래와 함께 온라인 쇼핑이 보편화되면서 전통적인 유통 채널에 의존하던 기업들은 큰 타격을 입었다. 이 변화에 신속하게 대응한 기업들은 새로운 유통 채널을 적극 활용해 성장할 수 있었고, 이는 판매 방식뿐만 아니라 기업의 운영 방식 전반에도 영향을 미쳤다.

2000년대 초반부터는 화장품 산업의 구조가 **브랜드와 생산이 분리**되는 방향으로 변모하기 시작했다. 과거에는 대부분의 기업이 자체 생산 시설을 운영하며 제품을 개발했지만, 2003년을 기점으로 OEM(주문자 상표 부착 생산)과 ODM(제조자 개발 생산) 방식이 확산되면서 생산의 효율성을 극대화하고 비용을 절감할 수 있게 되었다. 코스맥스와 한국콜마 같은 전문 제조업체들은 이러한 변화 속에서 급성장하며 한국 화장품 산업의 중요한 축으로 자리 잡았다. 생산과 브랜드 분리는 화장품 산업의 밸류 체인의 변화만이 아니라 시장이 완전경쟁체제로 돼 가고 있음을 의미했다. 개발과 생산은 ODM사에서 담당하고, 브랜드사는 마케팅과 영업에만 집중하면 되기 때문에, 시장 진입장벽이 낮아져 경쟁이 더욱 치열해질 수밖에 없다. 참고로 우리나라 화장품 책임 판매 및 제조업체는 2만 8679개로 이 중 80% 이상이 중소기업이다. 이러한 변화의 행간을 제대로 인식하지 못하고 기존 방식으로 안이하게 대응했던 기업들은 경쟁력을 잃고 시장에서 도태되었다.

디지털 환경의 변화 또한 한국 화장품 기업들에게 큰 도전이자 기회였다. 디지털 기술의 발전으로 소비자들의 구매 행태가 온라인으로 이동하면서 기업들은 디지털 마케팅과 전자상거래에 대한 대응 능력을 강화해야 했다. 특히 소셜 미디어의 영향력이 커지면서 빠르게 변화하는 트렌드에 민감한 젊은 세대가 새로운 소비 주체로 떠오르게 되었고, 이를 잘 활용한 신흥 기업들은 급속도로 성장했다. 예를 들어, 에이피알과 실리콘투 같은 기업들은 온라인과 SNS를 적극 활용해 전통적인 마케팅 방식을 탈피하고 디지털 플랫폼을 중심으로 소비자와의 소통을 강화하며 성공을 거두었다. 반면 디지털 전환에 늦게 대응한 전통적인 기업들은 시장에서 입지를 잃고 어려움을 겪었다.

결국 한국 화장품 산업의 지난 70년은 급격한 변화와 그에 따른 기업들의 적응이 주도한 생존 경쟁의 역사였으며, 오픈 프라이스와 유통 구조의 변화, 브랜드와 생산의 분리, 디지털 환경의 변화는 모든 기업들에게 새로운 도전 과제를 던졌고, 이에 신속하고 유연하게 대응한 기업들만이 생존과 성장을 지속할 수 있었다.

연대별 10대 화장품 기업(매출액 기준)

순위	1999년	2010년	2019년	2023년
1	아모레퍼시픽	아모레퍼시픽	엘지생활건강	엘지생활건강
2	엘지생활건강	엘지생활건강	아모레퍼시픽	아모레퍼시픽
3	코리아나	애경산업	한국콜마	한국콜마
4	한국	더페이스샵	코스맥스	코스맥스
5	한불	한국콜마	애경산업	애경산업
6	나드리	에이블씨앤씨	해브앤비	에이피알
7	라미	보령메디앙스	커버코리아	코스메카
8	소망	에뛰드	더페이스샵	실리콘투
9	피어리스	코스맥스	에이블씨앤씨	클리오
10	참존	소망	코스메카	브이티

(자료: 한국보건산업진흥원)

생존과 성장을 위한
기술 제휴와 혁신

한국 화장품 산업은 정부의 시장개방 정책에 따라 1983년부터 단계적으로 수입 자유화가 추진되었고, 1986년부터는 화장품 수입이 완전 개방되었다. 도매 유통시장은 1990년에, 제조업은 1993년, 소매업은 1996년에 완전 개방되었으며, 수입 관세율도 80%에서 1993년에는 8%로 인하되었다. 또한, 기존의 약사법에서 화장품법이 분리되어 2000년 9월부터 시행되었다.

현재 K-뷰티는 우수한 품질로 세계적 인정을 받고 있지만, 1990년대까지만 해도 한국 기업들은 자체 기술력이 부족하여 선진 외국 기업과의 제휴나 합작을 통해 기술을 전수받아야 했다. 아모레퍼시픽은 1959년 프랑스 코티사와 기술 제휴를 통해 코티분을 발매하고, 1964년에는 일본 시세이도사와 협력해 방문 판매 제품인 '아모레'를 개발했다. 이후 미국 콜게이트사와의 제휴를 통해 제품 개발 능력을 향상시켰다. LG생활건강(구 락희화학공업사)은 '럭키크림'을 자체 개발하고(1947년), 국내 최초로 화장품연구소를 설립했으나, 생활용품에 집중하기 위해 한동안 화장품 사업을 접었다. 이후 독일 바이어스도르프와 기술 제휴(1984년)를 통해 '니베아 크림', 같은 해 미국 헬레나 루빈스타인과는 '드봉' 브랜드를 런칭하며 화장품 사업을 재개했다. 1962년 설립된 한국화장품은 프랑스 랑콤과 기술 제휴를 맺어 니오좀 등 300여 종의 제품을 생산했고, 코리아나화장품 역시 프랑스 이브로세, 독일 슈바츠코프를 통해 기술을 습득했다.

그러나 이러한 제휴는 국내 소매업이 완전 개방되면서 변화를 맞이했다. 국내 기업과 제휴를 맺었던 해외 유명 화장품 기업들은 1990년대 들어 모두 100% 단독 출자로 한국에 지사를 설립했다. 1980년부터 1990년까지 48건에 이르던 기술 도입은 1991년부터 1995년까지 9건으로 급감했고, 이로 인해 국내 화장품 기업들은 홀로서기를 해야만 했다.

국내 ODM사들도 브랜드사들과 같은 기술 개발 과정을 겪었다. 한국콜마는 일본콜마와 합작법인을 설립했고, 콜마 네트워크의 일원으로 기술을 전수받았다. 한국콜마는 자체 중앙연구소를 설립(2000년)하기 전까지 미국과 일본 콜마의 지원을 받으며 기술력을 키웠다(참고로 2022년에 미국 콜마사로부터 '콜마(Kolmar)' 상표권을 100% 인수했다). 반면, 코스맥스는 사업 초기 많은 어려움을 겪었다. 1992년 설립된 코스맥스는 일본 OEM기업 미로토사와 기술

협약을 맺었으나, 미로토는 코스맥스가 자체 연구역량을 갖추는 것을 꺼리며 필요한 기술을 충분히 제공하지 않았다. 결국 코스맥스는 미로토와 결별한 후, 일본의 ITC, 미국의 나테라, 이탈리아의 인터코스사와 기술 제휴를 통해 제품을 생산했다. 현재 코스맥스는 한국을 포함한 7개국에 자체 연구소를 보유하고 있다. 한국콜마와 코스맥스는 R&D 역량을 갖추기 전까지 단순 OEM 사업을 진행했으나, 이후 ODM과 OBM(제조업자 브랜드 개발 생산) 영역으로 사업을 확장했다.

선진 외국기업으로부터 기술을 전수받아야 했던 한국 화장품 산업은 70년이 지난 지금은 이들 기업에 기술을 수출할 정도로 성장했다. 보건복지부 산하 피부과학 선도기술 개발 사업단의 조사에 따르면, 한국의 화장품 기술 수준은 2022년 기준 최고 기술 보유국 대비 86.1%로, 2007년 67.4%에서 꾸준히 증가했다. 기술 격차도 2007년 5.2년에서 2022년 2.1년으로 단축되었으며, 특히 제형 기술과 용기용품 기술 분야에서는 세계 최고 수준의 기술을 보유한 것으로 평가되었다. 이러한 기술 발전은 화장품 기업들의 지속적이고 적극적인 투자 덕분이다. 매년 매출액의 3~8%를 연구개발에 투자하고 있다.

기업들의 R&D 분야에 대한 과감한 투자는 기술특허 증가로 이어졌다. 특허청 자료에 따르면, 2022년 기준 아모레퍼시픽, LG생활건강, 코스맥스, 한국콜마 등 상위 10개사의 국내외 출원/등록된 특허 건수는 8630건에 달하며, 이들 기업의 연구원 수는 약 3000여 명에 이른다.

국내 화장품 산업에서 특허 출원은 2013년 이후 급격히 증가했는데, 이는 글로벌 금융위기 이후 화장품이 사치재에서 필수 소비재로 인식이 변화한 것과 관련이 있다. 소비자들은 합리적인 소비와 접근성 높은 판매 채널을 선호하게 되었으며, 이러한 변화와 함께 한류의 영향과 온라인 시장의 확산으로, 특허는 소비자의 신뢰를 얻기 위한 중요한 수단으로 인식되었다.

한국의 혁신적인 화장품은 이러한 배경에서 탄생했다. 시트마스크는 한국 화장품의 세계적 인지도를 높이게 한 첫 번째 품목이다. 시트마스크는 1999년경 일본에서 처음 만들어졌으나, 한국 기업들이 이를 응용·발전시켜 다양한 원단과 자연 성분의 에센스를 개발했다. 2011년경 명동시장에서 무료로 나누어 주던 시트마스크는 중국 왕홍들의 관심을 끌며 폭발적 인기를 얻었고, 2017년에 정점을 이루었다. B.B크림은 한스킨이 2006년 국내 최초로 선보였고, 한국에서의 '생얼 열풍'과 함께 해외로 확산되었다. 또한, 쿠션은 세계 여성들이 사용하는 필수품이 되었고, 스틱형 멀티 스킨케어는 세계 최초로 개발되었다.

자동차, 반도체와 마찬가지로 한국 화장품 산업도 초기에는 외국

기업들의 선진 기술이 필요했다. 때론 무리한 요구도 감내해야 했지만, 이들 기업들과의 다양한 제휴·합작·라이센스를 통해 기술을 축적해 나갔다. 그 결과, 과감한 R&D 투자와 한국 특유의 빠른 실행력이 더해져, 세계 최고 화장품 기업에 기술을 제공할 수 있을 정도로 발전했다.

자연선택적 유통

　화장품업계 은어(隱語) 중 '화유십년홍'이라는 말이 있다. 이는 '한 번 성한 것이 얼마간에 반드시 쇠하여짐'을 의미하는 '화무십일 홍(花無十日紅)'에 빗댄 표현으로, 화장품 유통은 10년 주기로 변한 다는 뜻이다.

　한국의 화장품 유통은 말 그대로 변화무쌍하다. 유통이란 생물과 같아서 소득, 소비 습관, 제도 등의 다양한 요인에 의해 변화한다. 그러나 특정 산업의 주류 유통이 특정 주기로 바뀌는 경우는 세계 적으로 드문 일이다. 이는 마치 찰스 다윈의 '자연선택설'처럼, 환경 에 적합한 유통방식만이 한국에서 살아남는다는 것을 의미한다. 그 만큼 유통 변화의 범위와 속도가 크고 빠르며, 생존을 위한 경쟁이 치열하다. 특히, 국내 화장품 유통업계에는 중소형 영세업자들이 다수 종사하고 있어, 유통의 변화는 곧 그들 가족 생계의 변화이기 도 하다.

　위기이자 기회로 볼 수 있는 한국 화장품 산업의 주요 유통사(流

通史)를 알아본다. 이하의 특정된 연대별 유통 방식 구분은 어느 유통이 주류였는지를 보여 주는 것이라고 생각하면 된다.

방문 판매: 1960~1980년대

방문 판매에 대해서는 앞 장에서 자세히 다뤘기 때문에 간략하게 요약한다.

우리나라 화장품 방문 판매는 제조업자가 직접 판매조직을 운영하여 판매원들에게는 경제적 이익을 제공하고, 소비자에게는 미용 상담과 피부관리 서비스를 통해 소비를 업그레이드시켰다.

한국의 방판 문화는 인구밀도가 높고 인적 네트워크를 중시하는 특유의 문화, 여성들 간의 유대관계, 교육·건강 정보 공유 및 일체감을 느끼려 하는 정서가 활성화 동력이 되었다. 1960년대부터 1980년대 중반까지 국내 화장품 매출의 약 80% 이상 차지했지만, 외상 판매 기간 장기화, 판매원 모집의 어려움 등으로 1990년대부터 성장이 둔화되었다.

방문 판매는 화장품 산업으로서 첫 번째 유통으로, 화장품 수요 창출과 확장 발전에 크게 기여했다. 또한 소비자의 권익과 소비 향상, 여성의 사회참여 활동을 증가시켰다.

화장품 전문점: 1990년대

LG생활건강은 1980년대 초반 화장품 시장에 재진입하면서 방문 판매에 도전했으나, 여의치 않자 '할인코너판매(전문점)'라는 새로운 방식을 도입했고 단숨에 업계 2위로 뛰어올랐다. 국내에서 생산되는 웬만한 화장품 브랜드는 물론 화장도구와 스타킹 등 여성 도구를 함께 팔았던 전문점은 상시 고율의 할인판매를 통해 정가 판매를 하던 방문 판매를 흔들었다. 1987년 1만 개 정도에서 1992년 2만 개 수준으로 증가했고 86아시안게임과 88올림픽 이후 판매시설과 서비스 개선 등에 힘입어 1990년대 중반 화장품 유통의 70%를 차지했다. 지금의 명동, 건대입구 등의 화장품 상권은 이 시기에 형성되었다.

전문점은 다양한 브랜드의 할인판매로 소비자 관심을 끌고 구매를 촉진했지만, 고율의 할인이 일상화되면서 그 효과가 줄어들었다. 이에 기업들은 화장품과 관련 없는 그릇 세트, 주방용품, 심지어 보정용 속옷 등 판촉물 경쟁을 이어 갔다. 그러나 이러한 판촉물 경쟁은 오히려 회사의 수익성과 소비자 신뢰도를 악화시키는 결과를 초래했다.

위기를 느낀 기업들은 화장품협회 차원에서 '판매자가격표시제 (오픈 프라이스 제도)'를 정부에 건의했고, 1997년에 법제화되었다.

'오픈 프라이스(Open price) 제도'란 최종 판매자가 직접 판매가격을 정해 제품에 표시하는 방식을 말한다. 이전에는 브랜드사가 소비자가격을 정해 제품에 표기하고, 판매자는 이 가격을 기준으로 할인율을 결정했다.

오픈 프라이스 제도는 화장품 산업에 중요한 변곡점 역할을 했다. 제도 시행 이전에는 제품 할인율이 가장 큰 구매결정 요인이었지만, 제도 도입 이후에는 고율의 할인이 무의미해지고, 대신 브랜드의 가치나 이미지, 성분 등이 더 중시되었다. 그 결과, 한국의 화장품 시장도 프랑스, 미국 등의 화장품 선진국처럼 점차 고도화되어 갔다.

한편, 1996년 국내 첫 인터넷 쇼핑몰을 오픈한 인터파크가 도서와 화장품을 중심으로 시장을 넓혀 가자 유통 도매업자 중심으로 화장품 전문 온라인 쇼핑몰을 개설했고, 여인닷컴, 황후닷컴 등 약 300여 개가 성업했다. 그러나 초저가 원브랜드숍과 대형 쇼핑몰의 가격경쟁에서 밀리고 정품 논란 등의 문제로 이 중 상당수가 11번가 등 대형 온라인 쇼핑몰과 합병되거나 다른 업종으로 전환되었다.

전문점은 방문 판매에 의존했던 화장품 유통이 원브랜드숍, 대형마트, 편집매장 등으로 확대되는 계기가 되었고 화장품 대중화에 기여했다.

원브랜드숍(One brand shop): 2000년대

원브랜드숍은 한국에만 있는 독특한 비즈니스 모델로, 2002년 카드 대란 이후 전반적인 소비가 급격히 위축되면서 등장했다. 당시 미샤(구 뷰티넷)는 평균 가격 3300원, 최고가 9800원의 초저가 화장품으로 틈새시장을 만들었다. 미샤가 2002년 이대 1호점을 개설한 이후, 원브랜드숍은 빠르게 확산되었다. 더페이스샵, 에뛰드, 네이처리퍼블릭 등 주요 12개 원브랜드숍 기준으로 2011년 3508개, 2012년 4089개이고, 2016년에는 6328개에 이르렀다. 이 시기에 원브랜드숍은 전체 화장품 매출의 약 30%를 차지했다.

원브랜드숍은 단일 브랜드의 500여 개 SKU를 진열하고 판매하는 프랜차이즈 방식이다. 이는 해외의 멀티 브랜드 매장인 세포라, 왓슨스, 샤샤와는 대조적이다. 이들 매장에서는 대략 70~90여 개의 다양한 브랜드를 브랜드당 50~100개 SKU로 진열하고 판매한다.

원브랜드숍은 2016년을 정점으로 감소하기 시작했고, 2023년 기준 1735개 정도만 운영되고 있다. 감소 원인은 온라인으로의 소비 패턴 변화, 중국 단체 관광객 감소, 출혈 경쟁으로 인한 수익성 악화, 소비자의 흥미 감소 등이다.

원브랜드숍은 화장품 산업의 밸류 체인을 변화 -브랜드와 생산 분리- 시켰으며, ODM 산업의 성장을 견인했다. 또한, 주기적인 제

품 리뉴얼과 다양한 제품군을 통해 10대 소비자를 포함한 화장품의
대중적 수용에 기여했다

홈쇼핑, 멀티브랜드숍, H&B 스토어: 2010년대

2000년대 들어 여성들의 사회 진출과 전반적인 소득수준이 증가
하면서 화장품 수요도 함께 증가하게 된다. 동시에 저성장 경제 국
면에 접어듦에 따라 합리적 소비 성향이 확산되고, 케이블 TV 가입
가구가 늘어나면서 홈쇼핑은 발전기반을 마련하게 된다.

다양한 세트 구성과 방송에서의 즉각적 시연, 여러 임상실험
을 통해 소비자 신뢰도를 얻으면서 홈쇼핑에서의 화장품 매출은
2011~2014년 기간 동안 연평균 10%씩 고성장한다. 2014년 기준
TV 홈쇼핑 채널의 화장품 매출규모는 약 5400억 원으로, 전체 화장
품 시장에서 차지하는 비중(약 5%)도 꾸준히 증가했다.

그러나 온라인 쇼핑몰로의 소비자 이동, 시간당 매출 감소, 히트
상품 발굴 부족 등의 원인으로 2015년 이후 홈쇼핑 채널의 매출 성
장은 둔화되기 시작한다.

한편, 원브랜드숍에 대한 소비자 관심이 줄어들면서 그 대안으로
등장한 것이 멀티브랜드숍이다. 멀티브랜드숍은 단일 회사의 여러
브랜드를 한 매장에서 판매하는 형태로, 아리따움(약 1300개), 뷰

티플렉스(약 1120개), 뷰티크레딧(약 460개) 등이 해당된다.

헬스&뷰티(H&B) 스토어는 1999년 신사점을 기점으로 시작한 올리브영을 필두로 GS왓슨스(랄라불라), 롭스, 부츠, W스토어, 시코르, 세포라 등 10여 개 업체가 경쟁하며 매장 수가 한때 2800여 개에 달했다. 그러나 올리브영을 제외한 대부분의 H&B스토어와 멀티브랜드숍은 현재 국내사업이 철수되었거나, 축소 운영 중이다. 그 이유는 올리브영이 이미 핵심 상권을 차지하고 있고(2023년 기준 1388개), 상품 카테고리 부족과 가격을 장점으로 한 온라인 채널의 침투에 있다.

올리브영, e커머스: 2020년대~

현재 오프라인 뷰티 시장에서 올리브영은 '절대강자'다. 한국을 방문하는 외국인 관광객들에게 올리브영 매장은 필수 쇼핑 코스가 되었으며, 2023년 한 해 동안 올리브영에서 외국인 고객이 사후 면세 혜택을 받은 구매 건수는 약 370만 건에 이른다. 이것은 관광 목적으로 한국을 찾은 외국인 수가 약 880만 명인 것을 고려할 때 의미 있는 수치다. 또한, 과거에는 중국인 방문객 비중이 높았던 반면, 최근에는 일본, 동남아, 영미권, 중동 등으로 고객층이 다변화된 것이 특징이다.

인디 브랜드들에게 올리브영은 '성지'로 불린다. 2023년 올리브영에 입점한 브랜드 중 연 매출 100억 원 이상을 기록한 '100억 클럽' 브랜드의 수가 전년 대비 30% 증가했다. 이 클럽에 속한 브랜드의 절반 이상이 국내 중소기업 브랜드이다. 또한, 해외 바이어들은 올리브영 입점 여부를 수입의 기준으로 삼곤 한다.

2010년대에 유통 대기업들의 격전지였던 H&B 스토어 시장은 코로나19 사태로 인해 경쟁 구도가 급격히 정리되었다. 대부분의 경쟁사들은 매장 수를 줄이거나 사업을 철수했지만, 올리브영은 매년 최고 매출 기록을 경신하며 시장에서의 독보적인 입지를 공고히 했다. 올리브영의 성공 비결로는 핵심 상권 선점과 온·오프라인 통합 '옴니채널', 건강기능식품 시장을 공략한 점이 꼽힌다.

코로나19 이후, 올리브영을 제외한 오프라인 화장품 시장의 신흥 강자는 아직 등장하지 않았다. 현재로서는 다이소만이 화장품 카테고리를 확장하고 있을 뿐이다. 이에 따라 당분간 오프라인 시장에서는 올리브영과 백화점이 양강 체제를 유지할 것으로 보인다.

한국의 화장품 온라인 시장은 1990년대 중·후반, 인터파크와 화장품 전문 쇼핑몰의 출현과 함께 형성되기 시작했다. 당시에는 네이버, 다음과 같은 포털 사이트를 통해 제품을 검색하고 구매하는 형태가 주류를 이루었다.

2000년대 중반, 옥션, 11번가, G마켓 등의 오픈마켓이 등장하면서 온라인 화장품 시장이 급격히 성장하기 시작했다. 이 시기에는 이전보다 다양한 제품, 저렴한 가격, 편리한 배송 서비스가 주요 소비자 유인 요소로 작용했다. 그동안 온라인에 소극적이었던 브랜드와 백화점들도 온라인 몰을 개설했지만, 오프라인 매장과의 가격 차이, 소비자 불만, 자기 잠식에 대한 우려로 인해 여전히 조심스러운 접근을 보였다.

화장품은 원래 직접 체험한 후 구매하는 경향이 강해 온라인 판매에 대한 부정적 시각이 오랫동안 존재했다. 그러나 뷰티 블로거들의 품평과 사용 후기가 이러한 체험을 대신하면서, 온라인에서의 화장품 구매 확산에 중요한 역할을 했다. 2003년 네이버 카페에 개설된 '파우더룸'은 화장품 품평 커뮤니티로 자리 잡았다.

이 시기에 중국의 e커머스 플랫폼인 티몰, 타오바오, 징둥, VIP 등에서 한국 화장품이 큰 인기를 끌었고, 이에 따라 국내 온라인 면세점도 활성화되면서 K-뷰티는 중국에서 르네상스를 맞이하게 된다.

모바일 쇼핑은 2010년대 초반, 스마트폰의 급격한 보급(2013년 기준 75%)과 함께 활성화되기 시작했다. 뷰티 블로거와 인플루언서의 화장품 시장에서의 영향력이 커지고, 화해(성분 정보 제공), 글로우픽(랭킹), 뷰티빨(리뷰) 등 뷰티 특화 플랫폼들이 등장했다.

코로나19 팬데믹은 한국 화장품 온라인 시장의 급격한 성장을 가

속화했다. 사회적 거리 두기와 자가 격리로 인해 오프라인 매장 방문이 줄어들면서 온라인 쇼핑이 주요 구매 채널로 자리 잡았다. 이 시기에 쿠팡, 네이버, 마켓컬리 등 새로운 e커머스 강자들이 시장을 재편해 갔다. 인플루언서들이 추천하는 제품이 빠르게 인기를 얻고 판매량이 폭발적으로 증가하는 현상이 나타났다. 특히, SNS를 활용한 라이브 커머스는 실시간으로 제품을 시연하고 판매하는 방식으로 주목받았으며, 국내외 소비자와의 즉각적인 소통과 매출 증가에 크게 기여했다(일례로, 색조 브랜드 '라카'는 SNS를 통해 일본 현지 고객과 소통하면서 해외 매출 비중이 70%, 성장률이 300%에 달했다).

또한, 해외 직구의 활성화로 한국에 진출하지 않았던 해외 화장품 브랜드들이 국내 온라인 시장에 진입했다. 업그레이드된 가상 체험 기술(AR, VR, XR)은 더욱 현실감 있는 제품 체험을 가능케 해서 온라인 쇼핑의 편의성을 향상시켰다.

한편, 모바일의 확산과 SNS의 발전은 인디 브랜드의 화장품 시장 참여를 촉진했다. 오프라인은 유통경로가 제한된 반면, 온라인은 전 세계를 대상으로 보다 수월하게 고객 접점을 확보할 수 있다. 이에 디지털 DNA를 가진 젊은 세대가 만든 인디 브랜드들이 대거 시장에 진입하게 된다. 또한 중국 의존도가 줄고 아마존, 쇼피, 라자다, 라쿠텐 등 해외 e커머스 플랫폼을 통해 시장이 글로벌화되었다.

2023년 기준 국내 화장품 온라인 채널 시장규모는 약 12조 원으로, 지난 10년 새 7배 증가했고, 연평균 26.4%씩 성장했다. 같은 기간 동안 전체 오프라인 매출은 연평균 10.7% 성장했다. 모바일 쇼핑이 온라인 구매의 절반 이상(73.4%) 차지한다. 한국의 화장품 온라인시장 침투율은 34.4%로, 중국(44%)보다 낮고 미국(25%), 일본(20%)보다 높은 수준이다.

K-뷰티 탐미
: 다섯 가지 힘

"자연은

인간의 교사이자, 최고의 치료사이다."

- 히포크라테스(Hippocrates)

3장

자연

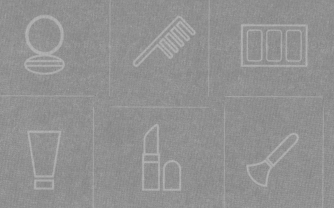

한국의 자연은 장엄함과 친근함이 어우러진 독보적인 풍경으로 한국인의 삶에 깊숙이 자리하고 있다. 사계절이 빚어내는 다채로운 변화, 유유히 흐르는 강과 굽이치는 산맥, 그리고 무수히 흩어진 섬들은 한국인의 문화와 생활의 원천이 되었다.

한복은 자연의 색과 조화를 입고, 한식은 제철의 풍미로 자연의 맛을 전하며, 자연에서 얻은 약재는 한의학의 뿌리가 되어 현대 화장품 산업으로 꽃을 피었다.

또한 자연은 예술적 영감의 원천이자, 일상에 지친 마음을 치유하는 정서적 안식처로서의 역할을 한다. 한국의 자연은 그 자체로 전통의 고유함을 간직하며, 우리의 삶에 풍요와 아름다움을 더하는 든든한 기반이다.

한국의 지형

우리나라 지형은 자연이 그린 풍경화처럼 아름답다. 세 면이 바다로 둘러싸인 반도로, 국토의 약 65%가 산지로 이루어져 있다. 평탄한 지역보다는 구릉지가 많아 오르락내리락하는 완만한 곡선을 이룬다. 한반도 지형의 가장 큰 특징은 동쪽이 높고 서쪽이 낮은 전형적인 동고서저(東高西低) 비대칭에 있다. 동쪽은 설악산, 오대산, 소백산 등을 중심으로 한 백두대간과 그로부터 갈라진 산맥들이 주요 능선을 형성하고 있다. 이 산맥들은 남서쪽으로 내려오면서 부드러운 경사면을 만들고, 그 아래에는 농사에 적합한 넓은 평야가 펼쳐진다.

해안선 또한 각기 다른 형상과 매력을 지녔다. 동해안은 직선에 가까울 정도로 단순하지만, 서해안과 남해안은 수많은 섬들과 복잡하게 얽힌 해안선이 어우러져 다채로운 풍경을 자랑한다. 한반도를 둘러싼 약 3400개의 크고 작은 섬들은 바다에 흩뿌려진 보석처럼 아름다움을 더한다.

한반도의 평균 고도는 약 448m로, 동아시아 평균(910m)보다 낮으며, 특히 남한에서는 해발 400m 이하의 산지가 전체의 77.4%를 차지한다. 지층의 약 66%는 신생대에 형성되었고, 대부분 화강암과 편마암으로 이루어져 있다.

지형적 특성과 흐름을 지닌 한국의 하천도 흥미롭다. 주요 분수령인 태백산맥과 함경산맥이 동쪽으로 치우쳐 있어, 큰 강들은 주로 남서쪽으로 흘러 황해와 남해로 이어진다. 반면, 동해로 흐르는 강은 대부분 짧은 길이를 가지고 있다. 한국의 강들은 경사도가 크고 계절에 따라 강수량 변화가 심하다. 또한 넓고 완만한 하곡을 따라 흐르면서 평온하고 자연스러운 흐름을 보여 준다.

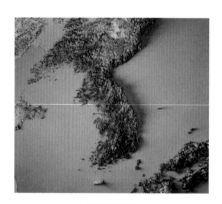

한국의 지형
(자료: 대한민국 국가지도집)

한국의 기후

　우리나라 기후는 중위도 온대성 기후대에 위치해 사계절이 뚜렷한 것이 특징이다. 봄과 가을은 짧지만 대체로 맑고 건조한 날씨가 주를 이루고, 겨울은 차가운 대륙성 고기압의 영향으로 춥고 건조하다. 여름에는 북태평양 고기압이 영향을 미쳐 높은 기온과 습도를 동반한 무더위와 잦은 강수가 특징이다.

　한국의 연평균 기온은 지역에 따라 7~15°C로 분포하며, 가장 더운 8월은 월평균 19.7~26.7°C, 가장 추운 1월은 -6.9~3.6°C에 이른다. 여름에는 높은 습도(7~8월 평균 78~79%)가 더위와 결합해 불쾌지수를 높인다. 봄과 가을은 건조한 날씨가 지속된다. 연평균 강수량은 1306㎜로 세계평균보다 1.3배 정도 많으며, 여름철에 연간 강수량의 54%가 집중된다.

　기후를 논할 때, 빠르게 진행되고 있는 지구 온난화를 빼놓을 수 없다. 최근 30년 동안 한국의 연평균 기온은 1.6°C 상승했는데, 이로 인해 한국의 온대성 기후가 점차 아열대 기후로 변화할 가능성이 제기되고 있다. 이러한 변화는 농업, 생태계, 건강 등 다양한 분야에 부정적인 영향을 미친다. 예를 들어, 농작물 재배지가 변화해서 주요 작물의 수급이 불안정해지고, 특정 수종의 적정 생육 지역이 줄어들면서 일부 수목이 생존 위기에 처하게 된다.

기후 변화는 생물다양성에도 심각한 영향을 미친다. 경제협력개발기구(OECD)의 2050년 환경 전망에 따르면, 지난 40년간 생물종 풍부도가 11% 감소했고, 2050년까지 추가로 10% 감소할 것으로 예측된다. 또한, 기온이 1°C 상승할 때마다 생물종의 30%가 멸종 위기에 처할 가능성이 있으며, 3°C 이상 상승할 경우 대규모 멸종 사태가 벌어질 위험도 있다.

기후 변화는 피부 건강과도 관련이 깊다. 피부는 외부 보호막 기능을 가진 신경내분비기관으로서 자외선 노출에 따라 다양한 신경 전달물질을 생성한다. 서울대병원 정진호 교수팀의 연구에 따르면, 장기적인 자외선 노출은 신경 발생과 시냅스 가소성을 저하시켜 기억력 저하를 유발할 수 있다. 또한, 기후 변화와 환경 오염으로 인해 세계적으로 피부염, 여드름, 피부 손상 사례가 증가하고 있고, 폭염은 피부 알레르기 반응의 강도와 지속 시간을 더욱 악화시키고 있다.

한국의 자생 생물종

한국에는 약 6만 종에 달하는 다양한 자생 생물이 서식하고 있다. 이 중 곤충이 2만 710종으로 가장 많고, 무척추동물 1만 2983종, 조류 6291종, 식물 5759종이다. 이 가운데 특히 식물은 K-뷰티의 핵심적인 역할을 담당한다. 보습, 미백, 항노화 등 다양한 화장품 성분으로 활용되고 있다.

한국은 남북으로 길게 뻗은 지형과 다양한 기후 덕분에 풍부한 식생(植生)을 자랑한다. 한국의 식물상은 대체로 다섯 가지 요소로 구분된다.

먼저 **온대 식생**이다. 대부분의 지역이 해당되며, 참나무, 감나무, 단풍나무, 벚나무와 같은 식물들이 주로 분포한다. 감나무 잎에는 비타민C와 탄닌 성분이 함유되어 있어 항산화와 모공 수축에 효과적이다. 단풍나무 잎의 갈로탄닌 성분은 엘라스틴 분해를 억제해 피부 노화 예방에 도움을 준다.

두 번째는 **냉대 기후 식생**으로, 한반도 북부 지역에 분포한다. 소나무, 전나무, 잣나무와 같은 침엽수가 주로 서식한다. 소나무 추출물은 뛰어난 항균·항염 효과로 피부 트러블을 완화하는 데 유용하다.

세 번째는 **아열대 식생**으로, 제주도와 남해안 일부 지역이 이에 해당한다. 이 지역에서는 동백나무, 감귤나무, 야자나무 같은 상록 활엽수와 열대식물이 특징적이다. 동백나무씨 오일은 오메가6·9와 리놀레산이 풍부해 피부 보습과 진정 효과가 뛰어나고, 감귤 추출물은 풍부한 비타민C로 미백 효과를 제공한다.

네 번째는 **고산 식생**으로, 지리산과 한라산의 고산지대에는 극지 식물이 서식하고 있다. 이들 식물은 혹독한 환경에서도 살아남는 강한 생명력을 지니고 있어, 피부 재생 성분으로 활용된다. 구상나무와 월귤이 대표적이다.

마지막으로 지구상에서 한반도에서만 자라는 **특산 식생**으로는 미선나무, 운봉금매화, 검산초롱꽃 등 약 759종이 있다. 이들 특산 식물은 주로 항산화와 재생 성분으로 사용된다. 미선나무의 잎과 열매는 폴리페놀과 플라보노이드 함량이 높아 항산화와 항비만에 유익하다.

이처럼 한국의 풍부한 식생은 고유의 자연 성분을 통해 피부에 이로운 도움을 준다. 이러한 성분들이 한국의 뛰어난 기술력과 결합해 수분 공급, 노화 방지, 톤 개선 등 다각적인 피부 개선 효과를 제공한다. **한국의 자연이 화장품 원료의 보물창고라고 불리는 이유다.**

뒤에서 설명할 한국의 전통 미용법은 이처럼 풍부한 식물의 바탕 위에 만들어졌고, 이는 현대의 자연주의적이고 효과적인 제품 개발에 자연스럽게 영감을 주었다.

자연과 의복

　한복은 흔히 명절이나 결혼식과 같은 특별한 날에만 입는 옷으로 인식되어 있지만, 사실 외국인들이 우리의 전통 의복을 구분하기 위해 붙인 이름이다. 한복은 오랜 세월 한국의 기후와 생활 방식에 맞춰 발달해 왔다. 여름에는 통풍이 잘되고 시원한 모시나 삼베로 옷을 지어 입었다. 식물성 섬유인 모시와 삼베는 동물성 섬유인 털이나 비단과 달리 몸에 붙지 않고 바람이 잘 통해 더운 여름에도 쾌적함을 유지하게 한다. 겨울에는 솜을 넣어 만든 두루마기, 저고리, 바지 등을 입었고, 누비옷도 널리 사용되었다. 모피도 방한 효과가 뛰어났지만 가격이 비싸 제한적으로 쓰였다. 북쪽 지방에서는 겨울철 방한용 조바위, 토시, 목도리 같은 소품이 사용되기도 했다.

　한복은 한국 특유의 난방 시설인 온돌과도 밀접한 관련이 있다. 온돌에서 다리를 접고 앉아야 했기 때문에 바지통이 자연스럽게 넓어진 것으로 전해진다.

　또한 한복은 색과 문양, 형태에서 자연을 닮아 있다. 한복에는 음양오행설에서 유래한 오방색(파란색, 빨간색, 노란색, 흰색, 검정색)이 사용되는데, 이는 자연의 빛을 담은 선명한 색으로 재앙을 막고 복을 불러온다는 상징적인 의미를 지닌다. 예복에는 다양한 문양이 더해져 자연과의 조화를 표현하고, 평상복으로는 주로 흰색 옷이 사용되었다. 흰색은 다른 색상과의 대비를 통해 은은한 미적 감각을 드러내고, 깨끗함과 순수함을 상징한다.

한복의 형태 또한 자연과 조화를 이룬다. 저고리의 소매, 치마의 너울거림, 바지의 넉넉한 폭 등은 한국의 산과 구릉지의 부드러운 곡선을 닮았다. 한복을 입으면 이러한 자연스러운 곡선이 사람의 몸과 어우러져 자연과 하나가 되는 느낌을 준다.

자연과 음식

요즘 K-푸드가 세계적으로 큰 주목을 받고 있다. K-뷰티가 한국을 대표하는 뷰티 트렌드로 자리 잡았다면, K-푸드는 그에 못지않게 한국 문화를 널리 알리는 데 중요한 역할을 하고 있다. 미국 하버드 경영대학원에서도 K-푸드를 연구할 정도다. 한국은 산업화와 현대화의 역사가 짧아 그동안 정부 주도의 수출에 의존해 왔다. 그러나 K-푸드는 문화라는 소프트웨어가 먼저 성장하면서 자연스럽게 음식 시장의 판로가 열렸고, 생산시설 확대로 산업 전체가 성장한 이례적인 사례로 평가받고 있다. 여기에 코로나19로 건강에 대한 관심이 높아지면서 발효식품을 중심으로 한 한국 음식이 건강에 유익하다는 인식이 확산되었고, 김치, 고추장 같은 전통식품부터 떡볶이와 김밥, 만두, 어묵 등 길거리 음식까지 폭넓은 인기를 끌고 있다.

한국 음식의 뿌리는 자연과 밀접한 관계를 맺고 있다. 사계절이 뚜렷한 우리나라에서는 각 절기에 맞는 식재료를 자연에서 얻어 제철 음식을 만들어 먹었다. 제철 음식은 해당 시기에 가장 풍부한 영양을 담고 있어 건강친화식(食)이라고 할 수 있다.

몇 가지 예를 들어 본다.

봄에는 산과 들에서 나는 냉이, 달래, 쑥 같은 봄나물이 식탁에 오른다. 이들 봄나물은 산뜻한 맛과 함께 봄의 기운을 느끼게 하고, 된장국과 어우러져 입맛을 돋게 한다. 여름에는 더위에 지친 몸을 달래 줄 시원한 음식과 체력을 보충하는 음식이 주를 이룬다. 삼계탕, 콩국수, 냉면, 팥빙수 등이 대표적인 여름 메뉴다. 가을은 수확의 계절로, 모든 음식이 풍성하다. 햇곡식으로 만든 송편과 인절미, 따뜻한 호박죽이 인기다. 겨울에는 김장김치와 동치미를 곁들인 떡국이나 팥죽을 즐긴다. 이와 함께 설날, 추석, 정월 대보름 같은 특별한 날에는 그날을 기념하는 절식이 식탁을 채운다.

한국 음식은 전반적으로 채식 위주의 식단이다. 서구의 육류 중심 식단과 달리, 한국인들은 채소와 곡물을 많이 섭취한다. 채소와 과일에 풍부한 피토케미컬은 생리활성 물질로 건강에 유익하고, 식물이 가진 고유의 색과 향은 음식에 개성을 더해 준다. 게다가 채식 위주의 식단은 동물성 식단에서 발생하는 이산화탄소와 메탄가스를 줄여 환경보존식(食)이라 할 수 있다.

제철 음식을 중심으로 한 한국의 식문화는 건강에 이로울 뿐만 아니라 계절 변화를 체감하면서 자연과 교감할 수 있는 일상적인 실천이기도 하다.

@올반

자연과 주거

　우리나라 전통적인 가옥 구조 또한 기후에 따라 차이가 있다. 남쪽 지방은 넓은 평야와 긴 여름 무더위로 인해 바람이 잘 통하는 대청마루를 갖춘 일자형 가옥 구조가 발달했다. 이 지역의 가옥은 주거공간이 여러 건물로 분산되어 있으며, 살림채는 비교적 규모가 작고 방이 한 줄로 배열되어 있어 통풍에 유리하다. 반면, 북쪽 지방은 대륙성 기후의 영향으로 방한(防寒)을 위해 대청마루 없이 방들이 한 가옥에 모여 있는 'ㅁ' 자형의 폐쇄형 구조를 가지고 있다. 중부 지방은 두 지역의 중간 형태로, 더위와 추위에 모두 대비할 수 있는 'ㄱ' 자형 구조를 나타낸다.

　한옥의 큰 특징 중 하나는 온돌과 마루다. 온돌의 시초는 청동기 시대로 거슬러 올라간다. 부뚜막 식 화덕과 고래(열기가 지나가는 길)가 있었던 원시적 형태의 난방 방식에서 비롯됐다. 온돌은 방바닥 밑의 구들장을 가열해 열기를 전달하는 간접 난방 방식으로, 벽난로나 라디에이터를 이용한 서구의 직접 난방 방식보다 에너지 효율이 뛰어나다. 온돌방 안에서는 뜨거운 아랫목과 차가운 윗목이 생겨 자연스럽게 대류 현상이 일어나고, 신선한 공기가 공급된다. 또한 구들에는 열기를 오래 보존하기 위한 과학적 장치가 갖춰져 있다. 부넘기(온돌의 턱)는 아궁이와 방고래가 연결되는 부분으로 다른 부분보다 좀 높게 쌓게 된다. 경사진 부넘기를 넘은 열기는 압력에 의해 제자리에서 머물다가 굴뚝으로 빠져나가기 때문에 구들은 오랫동안 따뜻한 상태를 유지하게 된다. 온돌은 아궁이의 불을 사용해 음식을 조리할 수 있는 실용적인 기능도 가지고 있다.

마루는 그 위치와 역할에 따라 다양한 형태를 띠는데, 이 중 대청마루는 안방과 건넌방 사이의 넓은 마루로, 앞뒤가 트여 있어 여름철 시원한 바람이 통하는 공간이 된다. 대청마루는 하절기에 주 생활 공간이 되고, 제사나 명절에는 음식을 준비하거나 손님을 맞는 장소로도 활용된다. 마루는 바닥이 지면으로부터 떨어져 있어 마루 밑으로 바람이 잘 통하게 하고, 땅에서 올라오는 습기를 막아 주는 기능도 한다. 다습한 지역일수록 마루의 높이가 더 높아진다.

앞에서 살펴본 것처럼, 한국의 자연은 의복, 음식, 가옥 등 한국인의 전반적인 생활양식에 깊이 뿌리내려 있다. 자연은 사람들에게 편안함을 선사하고, 어디서든 그 모습 그대로 한국인의 삶을 보듬어 왔다. 이러한 자연과의 조화 속에서 한국인들은 고유의 자연관을 형성하며 오랜 세월 동안 삶을 이어 왔다.

피부는 또 하나의 의식주라고 할 수 있다. 피부를 가꾸는 것은 옷을 입는 것(衣)과 같고, 몸을 섭생하는 것은 음식을 먹는 것(食)에 비유될 수 있으며, 피부를 보호하는 것은 집(住)처럼 우리의 몸을 안전하게 지키는 역할을 한다.

따라서 한국의 전통 피부 미용법 역시 생활양식의 일부로서 자연의 영향을 받아 발전해 왔다.

자연에서 얻은
전통 미용법

한국의 전통 미용법은 내면과 외면의 조화를 중시하며 자연스러운 아름다움을 추구한 것이 특징이다. 신라시대의 '영육일치사상(靈肉一致思想)'과 조선시대 '지(智)·덕(德)·체(體) 합일 사상'은 내면의 아름다움이 외면으로 드러난다는 믿음으로, 과도한 외적 꾸밈보다 내면의 수양을 통해 자연스럽게 드러나는 아름다움을 강조했다. 이러한 미의식은 삼국시대부터 은은한 색조 화장과 피부 본연의 아름다움을 중시하는 전통으로 이어졌고, 화장에 필요한 모든 재료를 자연에서 얻었다. 과일과 열매로 피부의 수분을 보충하고, 곡식의 기름으로 피부의 윤기를 더했으며, 꽃의 붉은 색을 볼, 입술, 손톱에 담았다. 또한 콩을 이용해 피부의 때를 벗겨 내었다.

우리나라 전통 미용법은 한국인들의 고유한 미의식을 잘 반영하고 있다.

먼저, 우리 조상들은 예로부터 잡티 없이 깨끗한 백옥 같은 피부를 선망했다. 이를 위해 쌀겨와 쌀뜨물을 활용한 세안법이 가장 보편적으로 쓰였다. 쌀겨를 천 주머니에 넣고 우려낸 물로 세안을 하거나 쌀을 씻고 남은 물로 얼굴을 씻어 냈다. 쌀뜨물은 비타민B와 항산화 성분이 풍부해서 피부를 부드럽게 하고 미백 효과를 준다. 또한, 밥 김을 쐬는 방법도 많이 사용되었는데, 이는 현대의 스팀 타월과 비슷한 원리로 묵은 각질을 벗겨 내는 데 효과적이다.

쑥은 우리의 건국 신앙에 등장할 정도로 그 이용의 역사가 오래되었다. 말린 쑥은 뜸을 뜨거나 한약재로 사용되었으며, 쑥 달인 물은 화장수로 활용되었다. 봄철에 나는 인진 쑥은 입욕제로 쓰였다. 쑥은 항염·항균 효과가 있어 피부 트러블 완화에 도움이 된다.

인삼은 조선시대의 명기 황진이가 인삼물로 세안을 했다는 얘기가 전해질 정도로 인기 아이템이었다. 인삼의 사포닌 성분은 피부 노화를 예방하고 면역력을 높여 준다.

피부 관리를 위한 마스크 팩도 오래전부터 사용되어 왔다. 물에 끓여 걸러 낸 오미자액은 피부 탄력을 돕는 팩으로 활용되었다. 녹두는 피부 진정과 모공 수축에 효과적인데, 인조의 외동딸 효명옹주가 녹두로 만든 비누를 사용했다는 기록도 전해진다. 수세미는 즙을 내어 얼굴에 바르거나 쑥가루, 달걀 노른자, 고운 진흙 등을 섞어 팩으로 사용됐다. 수세미에는 항염, 항산화 성분인 쿠마르산이 도라지의 40배, 홍삼의 30배 이상 다량 함유되어 있다. 율무가루는 헝겊을 깔고 물에 타서 붓으로 발라 주어 피부를 정화하는 데 사용되었다.

식물에서 추출한 기름은 피부 보습과 모발을 가꾸는 데 이용되었다. 동백오일에는 비타민E, 오메가3·9 등이 풍부하여 피부에 생기와 활력을 주고 윤기 있고 탄력 있는 모발을 만들어 준다. 창포는 헤어트리트먼트로 사용되었다. 창포에는 탄닌과 단백질 성분이 들어 있어 모발의 손상 부위를 메우고 수분을 공급한다. 창포를 삶은 물에 꿀을 타서 머리를 감는 방법은 단옷날 풍습 중 하나다.

색조 화장에도 자연의 힘을 이용했다.

눈썹 화장인 '미묵(眉墨)'은, 꽃잎을 태운 재나 소나무 숯가루 등으로 만들어 눈썹과 속눈썹을 꾸몄다. 특히, 조선시대에는 눈썹 화장에 신중했는데, 여성 백과사전인《규합총서》에는 당시 선호되는 10가지의 눈썹 모양(십미요·十眉謠)이 소개되어 있을 정도였다. 볼과 입술을 붉은 색조로 치장하는 연지의 재료로는 홍화와 주석을 활용했다. 신라에서는 홍화즙을 말려서 환약처럼 만들어 두었다가 기름에 개어 사용했다.

또한 목욕에도 자연 식물이 쓰였다. 목욕할 때 말린 무청이나 순무잎을 우려낸 물을 이용했는데, 무청에는 비타민, 무기질, 식이섬유가 함유되어 있어 피부 노폐물을 배출하는 데 효과적이다. 또한 난초 삶은 물을 이용한 난탕(蘭湯)을 비롯해 인삼잎을 달인 삼탕

(蔘湯), 복숭아잎탕 등 자연 식물을 활용한 다양한 목욕법이《고려
도경(高麗圖經)》에 기록되어 있다.

　이외에도 초마늘과 들깨는 비만 예방을 위한 미용 재료로 궁녀들
의 사랑을 받았다고 전해진다. 마늘의 알리신 성분은 혈행을 촉진
하고 피부의 약산성을 유지하도록 돕는다. 검은깨와 들깨에는 저칼
로리 필수 지방산이 담겨 있다.

K-뷰티의 자연 성분

최근 세계적으로 비건, 천연 성분, 유기농 제품에 대한 관심이 높아지고 있다. 이는 자연과의 조화를 추구하려는 인간의 본능적인 욕구를 반영한 결과다. 그러나 이러한 트렌드는 우리에겐 새로운 개념이 아니다. 우리 선조들은 이미 자연과 밀접한 삶을 살면서, 그 속에서 얻은 재료를 일상에서 활용해 왔다. 이 전통은 과거의 유산에 머무르지 않고, 현대 K-뷰티에서도 고스란히 이어지고 있다.

한국의 화장품은 자연 유래 성분과 첨단 기술이 조화를 이루어 피부에 유익한 효과를 제공한다. 이는 선조들의 지혜와 현대 과학 기술이 결합되어 더욱 혁신적인 결과를 만들어 내는 과정으로, K-뷰티의 핵심적인 강점으로 자리 잡고 있다.

이제 현대 K-뷰티에 담긴 대표적인 자연 유래 성분들을 살펴본다.

- 천연 세라마이드: 세라마이드는 피부 장벽을 보호하는 중요한 성분으로, 벽돌과 벽돌 사이를 지탱하는 시멘트로 비유할 수

있다. 세라마이드는 특히 건조하거나 민감한 피부에 매우 유용하다. 기존의 인공 세라마이드는 용해도가 낮고 가격이 비싸 소량만 사용되었지만, 최근 국내 연구진이 쌀겨와 콩 등 식물에서 세라마이드를 추출하는 데 성공했다. 이 식물성 세라마이드는 피부 자극이 없고, 여러 층에 걸쳐 효과적으로 작용한다. 세라마이드를 더 효율적으로 사용할 수 있게 된 것이다.

- 병풀(호랑이풀): 병풀은 마데카, 시카, 센텔라 등으로 불리며, 한반도의 남부 습기 있는 지역에서 자생하는 식물이다. 호랑이가 상처를 치료하려고 뒹굴던 풀로도 알려져 있다. 병풀은 상처 부위의 콜라겐 생성을 촉진하여 상처를 치료하는 데 사용된다. 또한 항산화와 항염 효과가 뛰어나, 피부를 진정시키고 염증을 완화하는 데 도움을 준다.

- 감초 뿌리: "약방의 감초"라는 말이 있듯이, 감초는 오래전부터 한약재로 쓰였다. 비타민A·B·C가 풍부해서 비타민 덩어리라고도 불리는 감초 뿌리는 피부의 색소 침착을 줄여 주고 미백 효과가 우수하다. 또한 피부 염증과 자극을 완화하는 데 도움을 준다.

- 콩오일: 콩에서 추출한 오일은 피부에 수분과 탄력을 더해 준다. 피부 장벽을 강화하는 레시틴과 항산화 효과를 지닌 비타민E가 풍부해서 촉촉하고 활력 있는 피부를 만드는 데 도움이

된다.

- 녹차: 녹차에는 항산화 성분인 카테킨이 풍부하게 들어 있다. 녹차 추출물은 피부 염증을 줄이고, 여드름 등 피부 트러블 예방에 효과적이다. 녹차 한 잔을 마시듯 피부도 이 성분을 마시게 하면 좋다.

- 효모: 피부 조직과 유사한 세포 구조를 가지고 있는 효모에는 플라보노이드, 단백질, 지방산 등이 포함되어 있어, 피부 리듬과 pH 조절에 도움을 주고, 보습과 피부 진정 작용을 한다.

감초와 콩

- 인삼: 인삼은 수삼, 백삼, 홍삼으로 나뉘며, 수백 년 동안 전통 한의학에서 사용되어 왔다. 인삼의 주요 활성 성분인 사포닌(진세노사이드)은 강력한 항산화 및 항염 기능을 지녀, 피부 면역력 강화에 효과적인 것으로 알려져 있다. 또한 피부 톤을 밝게 하고 안티에이징 효과로 널리 사용된다.

- 유자: 상큼한 유자는 피부를 맑게 해 주는 비타민C 덩어리다. 신라시대부터 재배되어 왔다는 유자는 피부 미백과 연화 효능을 지니고 있다.

- 대나무: '신이 내린 선물'로 불리는 대나무는 모공을 정화하고 피부를 진정시켜 준다. 대나무 가루는 각질 제거제로도 사용된다.

- 토코페롤: 비타민E로 알려진 토코페롤은 콩, 해바라기, 아마오일 등 식물성 기름에서 추출된다. 토코페롤은 항산화제로 작용하여 활성산소를 중화하고, 수분 손실을 막는 데 도움을 준다. 또한, 천연 산화 방지제로도 사용된다.

- 프로폴리스: 프로폴리스는 벌들이 나무에서 수집한 수지와 자신의 효소를 혼합하여 만든 천연 물질로, 벌집 내부를 방어하고 세균이나 질병으로부터 벌을 보호하는 데 사용된다. 화장품 소재로 사용할 때는 벌집에서 자연 상태의 프로폴리스를 수집한 후, 불순물 제거와 필터링을 통해 액체, 파우더, 캡슐 형태로 가공한다. 프로폴리스는 항산화, 항염, 항균 효과를 가지고 있어, 화장품과 건강 기능식품 등 다양하게 활용된다.

- 식물성 히알루론산: 히알루론산은 자기 무게의 1000배에 해당하는 수분을 끌어당기는 다당류다. 주로 피부에 분포(50% 이상)하며, 진피층에서 피부 노화에 크게 관여한다. 식물 기반

히알루론산은 버섯, 밀, 옥수수 등의 잎, 뿌리에서 추출되며, 수분 공급 및 재생, 항산화에 유익하다. 화장품 성분표에는 '소듐히알루로네이트', '소듐하이알루로네이트' 등으로 표기된다.

- 식물성 콜라겐: 진피층의 약 90%를 차지하는 콜라겐은 피부 노화와 직결되는 단백질의 일종이다. 화장품 성분으로 사용되는 콜라겐은 주로 돼지 껍데기(돈피)나 생선 비늘(아라)에서 추출되었지만, 최근에는 히비스커스, 버섯, 당근 등 식물의 특정 부분에서 추출한 식물 유래 콜라겐이 사용되고 있다. 피부의 탄력성을 높이고 노화 방지에 도움을 준다.

자연에서의 발견,
발효

　발효는 인간이 자연의 법칙에서 발견하고 발전시켜 온 놀라운 과정이다. 음식의 맛을 높이고 식품을 장기 보존할 수 있게 해 주는 발효는 한국 역사와 문화에서도 중요한 역할을 해 왔다.

　한국에서 발효 식품의 역사는 삼국시대로 거슬러 올라간다. 고구려 사람들은 단백질을 쉽게 섭취하기 위해 콩을 삶아 '말장'이라는 음식을 만들어 먹었는데, 이게 바로 오늘날의 청국장이다. 당시에는 콩을 삶아 말의 안장 밑에 넣고 다니면서 말의 체온으로 자연 발효시키는 방식이 사용되었다. 이 시기를 기점으로 간장, 된장, 고추장 등의 장류가 발달하기 시작했다. 고구려인들의 발효음식 기술은 중국의 고서《삼국지》〈위지〉〈동이전〉에도 기록되어 있어, 저장발효식품이 이미 생활화되었음을 보여 준다. 김치의 초기 형태도 이때쯤에 등장한 것으로 여겨지는데, 당시에는 '침채'라고 불렸으며, 이것이 오늘날의 '김치'로 발전했다.

　고려시대에 들면서 발효 식품은 더욱 다양해지고 대중화되었다.

소금에 절인 생선과 채소로 만든 젓갈, 쌀과 보리를 발효시켜 만든 막걸리 같은 전통주가 널리 소비되었다. 조선시대에는 발효 과학이 체계적으로 발전하면서 김치, 된장, 간장, 고추장 등이 한국 음식문화의 중심 요소로 자리잡았다.

현대에 들어 발효의 과학적 원리를 활용한 다양한 제품들이 개발되고 있다. 대표적인 예로 프로바이오틱스가 함유된 발효 식품이 있는데, 이는 장 건강에 도움을 주는 유익한 미생물로, 락토바실러스와 비피더스균이 소화기능을 돕고 면역력을 강화하는 역할을 한다. 최근에는 우리 몸에 서식하는 미생물 생태계인 마이크로바이옴에 대한 연구가 활발하게 진행되고 있다. 2022년 미국식품의약국(FDA)이 마이크로바이옴 신약을 승인하면서 치료제 개발에 대한 기대가 더욱 높아지고 있다.

발효 기술은 이제 화장품 분야로도 확장되었다. **발효 화장품은 미생물이 유익한 성분을 분해하고 재조합하여 피부에 좋은 성분을 더 잘 흡수되도록 돕는다.** 코로나19 이후 민감성 피부질환이 증가하면서 발효 화장품은 자극이 적고 효과적인 대안으로 주목받고 있다. 발효 화장품은 오염된 도시환경, 마스크 착용, 스트레스 등으로 손상된 피부를 보호하고 개선하는 데 도움을 준다.

발효 기술을 적용한 화장품은 원료와 발효 방식에 따라 세 가지로 나뉜다.

첫 번째는 미생물 배양액을 그대로 사용하는 방식이다. 갈락토미세스, 락토바실러스, 비피도박테리엄 같은 미생물이 대표적이며, 이들의 대사 물질은 피부에 유익한 아미노산, 비타민, 미네랄을 풍부하게 제공한다.

두 번째는 배양액에서 특정 성분을 분리·정제하여 사용하는 방식이다. 예컨대, 옥수수를 발효시켜 얻은 프로판디올은 안전하고 효과적인 보습제로 활용된다. 또한 발효를 통해 얻어진 히알루론산은 분자 크기가 작아져 피부 흡수율이 높아진다.

세 번째는 식물성 원료를 미생물로 발효시켜 효능을 극대화하는 방식이다. 인삼을 발효하면 진세노사이드의 함량이 증가하고, 콩을 발효하면 이소플라본 같은 유익한 성분이 늘어난다. 쌀, 귀리, 쑥, 감초, 버섯, 녹차 등도 발효를 통해 효능이 강화된다.

발효 화장품의 효능은 과학적으로도 입증되고 있다. 한국독성학회는 대두를 발효했을 때 미백 효과와 노화 방지 효과가 뛰어나다는 연구결과를 발표했다. 또한 한국식품영양학회는 발효 홍삼이 일반 홍삼보다 주름 개선 효과가 크다는 내용을 학술지에 실은 바 있다.

한국에서 발효의 역사는 깊다. 김치부터 고추장, 된장, 식초 등 우리 선조들은 자연이 만든 보약인 발효음식을 만드는 데 정성을 쏟았다. 발효는 작은 유기체들의 생명활동이다. 발효 식품을 먹고 발효 화장품을 바른다는 것은 몸과 피부 안으로 자연을 불러들여 그 생명의 에너지와 함께 살아가는 것이라 할 수 있다.

자연에서의 영감,
동결건조(凍結乾燥)

동결건조(Freeze drying)는 자연에서 발생하는 동결해동 과정에서 영감을 받아 만들어 낸 보존 기술이다. 사실 현대의 동결건조 기술이 등장하기 전에도 사람들은 자연 환경을 활용해 원시적인 방식으로 이를 이용해 왔다.

한국인에게 인기 있는 황태가 그 대표적인 예다. 황태가 처음 만들어진 곳으로 알려진 조선시대 함경도 지역에서는 겨울철에 잡은 명태를 얼리고 녹이는 과정을 몇 개월 동안 반복하면서 수분을 증발시켜 건조했다. 이 과정에서 명태는 독특한 풍미와 질감을 갖춘 황태로 재탄생했다. 마찬가지로, 남미 고산지대에서는 수확한 감자를 밟아 물기를 빼고 얼려 보존하거나, 고기를 얼려 저장하는 등 동결건조의 원리를 활용해 왔다.

현대의 동결건조 기술은 주로 식품과 의약품의 장기 보존에 중요한 역할을 해 왔고, 최근에는 화장품 분야에서도 주목받고 있다. 식물 추출물을 얻을 때 열을 가해 수분을 제거하던 전통적인 방식과 달리, 동결건조 기술은 진공 상태에서 물을 승화하여 추출물을 얻는다. 승화란 물이 액체 상태를 거치지 않고 고체에서 바로 기체로 변하는 과정을 말한다. 이 과정에서 수분이 제거되어 세균이나 효소의 활동이 억제되므로, 제품은 상온에서도 오랜 기간 안정적으로 보존된다.

동결건조의 가장 큰 장점은 원료의 영양분과 세포 조직을 덜 손상시키면서 유효 성분을 보존할 수 있다는 점이다. 기압을 조절하여 물이 약 2~5%만 남도록 승화를 일으키기 때문에 품질 유지와 효능 보존이 뛰어나다. 또한, 동결건조된 제품은 물과 만나면 빠르게 녹아 사용이 편리하고, 다양한 화장품 제형을 만드는 데 유리하다.

동결건조 화장품은 제형과 유효성분이 안정적으로 유지되고 효과도 즉각적이다. 수분이 거의 없는 상태라 세균 번식 위험이 낮아 방부제를 사용하지 않아도 되고, 고농축된 유효 성분이 피부에 직접적인 영향을 미친다. 건조된 형태로 제공되기 때문에 메이크업 제품은 물론, 물을 전혀 사용하지 않는 '워터리스(Waterless)' 제품에도 적합하다.

이러한 동결건조 기술이 최근 K-뷰티의 새로운 트렌드로 자리 잡고 있다. 예를 들어, 병풀을 동결건조해 만든 세럼, 동결건조된 비타민과 갈락토미세스를 담은 캡슐, 해양 심층수와 콜라겐을 동결건조한 에센스 등이 소비자들 사이에서 인기를 얻고 있다. 또 다른 사례로는 동결건조한 흰목이버섯을 주원료로 한 클렌저와 상백피 뿌리를 동결건조해 만든 스팟 세럼 등이 있다. 이처럼 다양한 제품들이 동결건조 기술을 활용해 화장품 시장에서 주목받고 있다.

동결건조 화장품은 환경친화적이라는 장점도 크다. 고체 형태의 내용물은 작은 용기에 담길 수 있어 플라스틱 사용을 줄일 수 있고, 가벼운 무게 덕분에 운송 과정에서 발생하는 온실가스 배출 감소에도 기여한다. 또한, 물이 필요하지 않기 때문에 자원 절약 효과까지 기대할 수 있다.

자연을 품다,
비건(Vegan)

비건 트렌드는 최근 몇 년간 빠르게 확산되면서 세계적인 사회적·경제적 현상으로 자리 잡았다. 비건(Vegan)은 채식주의를 벗어나 환경 보호, 동물 권리, 건강 증진이라는 다각적인 가치에서 비롯된 개념이다. 이 용어는 1944년 영국의 도널드 왓슨이 비건협회를 창립하며 처음 사용되었고, 이후 다양한 분야에서 그 의미가 확장되고 있다.

뷰티 업계에서도 비건 트렌드는 주요 흐름으로 자리 잡고 있다. 소비자들이 화장품 성분에 더욱 민감해지면서, 동물 성분을 배제하고 식물성 성분을 사용하는 비건 화장품이 각광받고 있다. 2021년 세계 비건 화장품 시장규모는 약 163억 달러로, 2028년까지 연평균 6.7% 성장해, 255억 3000만 달러에 이를 것으로 예상된다.

한국의 비건 화장품은 특히 북미와 유럽 시장에서 높은 평가를 받고 있다. 그 이유는 몇 가지 특징에서 찾아볼 수 있다. 우선, 한국의 자연 유래 성분과 뛰어난 성분 배합 기술이 주목받고 있다. 녹차, 인삼, 마치현, 감초 등 한국 고유의 자연 성분은 피부 자극이 적으면서 효과가 뛰어난 것으로 알려져 있다. 여기에 식물 유래 콜라겐과 스쿠알란 같은 동물성 성분을 대체할 수 있는 기술력까지 더해져 한국 비건 화장품의 경쟁력을 한층 강화하고 있다. 예를 들어, 식물 유래 콜라겐은 목이버섯, 히비스커스, 당근 등에서 추출되며, 스쿠알란은 아마란스 씨앗이나 올리브유 찌꺼기를 정제하고 발효하는 과정을 통해 얻어진다.

두 번째로, 한국의 비건 화장품은 특유의 빠른 흡수력과 가벼운 사용감을 자랑한다. 식물 유래 성분을 사용하면서 부드럽고 자연스러운 텍스처를 유지해, 피부에 부담 없이 스며들며 자연스러운 광채를 선사한다. 비건 스킨케어 제품은 워터 베이스나 수분 기반 포뮬러를 활용해 가볍고 촉촉한 사용감을 제공한다. 메이크업 제품 또한 여러 번 레이어링해도 두꺼워지지 않고, 매끄럽고 자연스러운 피부 표현이 가능하다.

세 번째, 한국의 비건 화장품은 스킨케어에 국한되지 않고, 헤어케어, 바디케어, 메이크업 등 다양한 제품군으로 확장되어 있다. 예를 들어 비건 샴푸와 컨디셔너는 동물성 원료를 배제하면서도 뛰어난 세정력과 영양 공급 효과를 제공한다. 식물성 오일과 버터를 활용한 비건 바디로션은 보습효과가 우수하다. 이러한 포괄적인 접근은 소비자들이 비건 라이프스타일을 전반적으로 실천할 수 있도록 돕고, 개개인의 다양한 니즈를 충족시킨다.

마지막으로 한국의 비건 화장품은 심플하고 세련된 패키지 디자인을 특징으로 한다. 재활용 가능한 포장재를 채택해, 환경 보호에 대한 메시지를 전달한다. 플라스틱 사용량을 줄이기 위해 용기의 크기를 최소화하고 충진 기술을 최적화하며, 무게를 줄여 운송 과정에서 발생하는 온실가스 배출량을 감소시키는 등 지속 가능한 방식을 추구한다. 이러한 노력은 환경 문제에 민감한 소비자들에게 긍정적인 반응을 얻고 있고, K-뷰티의 혁신적이고 트렌디한 이미지를 확산하는 데 기여하고 있다.

비건 화장품은 동물 실험과 동물성 원료를 배제하고, 환경 친화적인 대안을 통해 지속 가능한 미래를 제시한다. 식물 기반의 성분을 사용함으로써 자원 소비와 온실가스 배출을 줄여 환경 보호에 기여하고, 동물 윤리와 환경 가치를 중시하는 소비자들에게 새로운 선택의 기회를 제공한다. 이를 통해 소비자는 자신의 신념을 실천하며 지속 가능한 삶에 동참할 수 있다.

자연 순환의 첫걸음,
업사이클링

요즘 '업사이클링(Upcycling)'이란 말은 우리 일상에서 꽤 친숙한 용어가 되었다. 버려진 것을 재사용하는 리사이클링(Recycling)과는 달리, 업사이클링은 원래는 버려질 운명이었던 자원에 창의성과 가치를 더해 새로운 생명을 부여하는 과정을 말한다. 말 그대로 폐기물의 화려한 부활이다.

업사이클링은 의류, 가구, 건축자재, 공예 등 다양한 분야에서 이루어지고 있지만, 최근 가장 주목받는 분야는 '푸드(식품) 업사이클링'이다. 글로벌 시장조사기관인 퓨처마켓인사이트에 따르면, 세계 푸드 업사이클링 시장 규모는 2022년 530억 달러에 달했으며, 2032년에는 830억 달러로 성장할 것으로 예상된다. 현재 전 세계에서 생산되는 식량의 약 3분의 1이 폐기되고 있는데, 이를 업사이클링하면 기후변화 문제 해결에 크게 기여할 수 있다는 평가도 나온다.

이 같은 업사이클링의 추세는 한국의 뷰티 업계에서도 빠르게 확산되고 있다. 특히, 버려지는 식품 부산물을 활용해 친환경 화장품을 만드는 사례가 눈길을 끈다.

한국의 대표적인 겨울 과일인 유자는 착즙 과정에서 연간 7000톤 이상의 유자씨와 유자박이 폐기된다. 대봉엘에스는 이 버려지는 유자씨를 물리적 공정을 통해 끈적임 없는 식물성 오일로 탄생시켰다.

소나무 부산물도 훌륭한 자원으로 탈바꿈했다. 신생 뷰티기업 피노젠은 소나무에서 떨어진 부산물을 활용해 '피네수'라는 브랜드를 론칭하고, 적송 추출물의 항산화 효과로 특허를 취득했다. 산림 훼손 없이 자연 부산물을 활용한 이 사례는 업사이클링의 본질을 잘 보여 준다.

맥주박도 예외가 아니다. 맥주 생산 과정에서 남는 보리 부산물인 맥주박은 주로 동물 사료로 사용되거나 폐기되었지만, '라피끄'는 이를 활용해 헤어·바디 케어 제품을 개발했다.

못난이 농산물 역시 업사이클링 화장품으로 거듭난다. 코스모코스는 못난이 당근을 활용한 '비프루브 리얼캐롯'을, LG생활건강은 못난이 농작물을 원료로 한 '어글리 러블리'를 출시했다. 이는 버려질 농산물을 재활용하는 데 그치지 않고, 원료의 가치를 극대화한 사례다.

바다 생태계를 위협하는 존재로 알려진 불가사리도 업사이클링의 주인공이 되었다. '라보페'는 불가사리에서 콜라겐을 추출해 기능성

화장품을 개발했다. 불가사리에서 추출한 콜라겐은 저분자 구조로, 기존 콜라겐보다 피부에 더 잘 흡수된다는 장점이 있다고 한다.

버려지기 쉬운 오렌지와 레몬의 껍질은 비타민과 활성 성분이 풍부하다. '랩클'은 과피를 발효해 미백과 항산화 효과를 가진 업사이클링 제품 라인을 선보였다.

업사이클링 뷰티는 환경 보호와 자원 재활용을 중시하는 소비자들 사이에서 높은 관심을 받고 있다. 특히, 자신의 신념과 가치를 소비에 반영하려는 '미닝 아웃(Meaning-out)' 트렌드가 확산되면서 업사이클링 제품이 더욱 주목받고 있다. 한국의 뷰티 업계는 창의적인 아이디어와 뛰어난 기술력을 바탕으로 업사이클링을 활용한 친환경 제품을 선보이며, 지속 가능한 미래를 향해 나아가고 있다.

"예술가는 손끝에서 시작된다."

- 파블로 피카소(Pablo Picasso)

4장

손재주

국보 141호 정문경의 실물(좌)과 도안(우). 내구와 중구, 외구 등 3개의
구획 안에 중심이 같은 동심원들과 1만 3000여 개의 선(線)이 그려져
있다. 선의 간격은 0.3~0.34㎜, 원의 간격은 0.33~0.55㎜에 불과하다.

(자료: 숭실대 기독교박물관)

국보 141호 '정문경(精文鏡)'은 청동거울이다. 기원전 2~3세기경
만들어진 것으로 추정되는 이 정문경의 지름은 212~218㎜, 무게는
1590g 정도다. 이 거울에는 현대 기술로도 구현하기 어려운 정교한
삼각 문양이 새겨져 있는데, 선의 간격이 0.3~0.34㎜에 불과하다.
2300년 전, 이렇게 정교한 작업이 가능했던 것은 당대 장인들이 신

기(神技)에 가까운 손재주를 지녔음을 보여 준다.

한국인의 삶은 손재주와 분리할 수 없다. 한국인의 손재주는 오랜 세월 동안 기술적 숙련과 섬세함, 창의력이 더해져 발전해 왔고, 수공예부터 최첨단 산업에 이르기까지 폭넓게 적용되고 있다.

손끝의 정밀함이 필요한 직업 중 하나가 병아리 감별사다. 최고 숙련자는 1시간에 1600마리 정도, 약 2초에 한 마리를 감별하는데, 좁쌀의 3분의 1 크기의 작은 돌기로 암수를 구별한다. 현재 세계에서 활약하는 병아리 감별사의 약 60%는 한국인이다.

기능올림픽은 한국의 독무대와 같다. 1967년 16회 대회부터 참가했던 기능올림픽에서 우리나라는 30회 출전 중 19번 우승을 차지했다. 용접, 목공, 드레스메이킹, 화훼 장식, 귀금속 공예, 이·미용, 기계 제도 등 숙련도나 손재주가 필요한 모든 분야에서 고른 성적을 보여 줬다.

반도체는 머리카락 굵기의 10만 분의 1 크기의 미세한 기술이 적용되는 분야다. 한국인의 손재주는 세계 최소 크기·최대 용량의 메모리반도체와 세계 최초 HBM(고대역폭 메모리)을 탄생시키는 데 결정적 역할을 하고 있다. 이건희 회장도 반도체 사업의 성공비결로 우리의 젓가락 문화를 언급하며, 한국인의 우수한 손재주를 강조한 바 있다.

세계 천연가스 운반선(LNG) 시장을 장악한 조선 산업의 비결에는 머리카락 굵기만큼의 미세한 오차도 허용하지 않는 정밀한 용접 기술이 들어 있다.

각 나라와 민족은 그들만의 고유한 손재주와 기술을 갖고 있다. 하지만 목공부터 우주항공 산업에 이르기까지 다양한 분야에 걸쳐 기술 강점을 가진 나라나 민족은 흔치 않다. 그 이유가 궁금하지 않을 수 없다.

태어나면서 저절로 이어받는 것이 '생물학적 유전자(DNA)'라면, 젓가락질과 같은 문화와 관습은 대를 이어 전승되는 '문화적 유전자' 또는 '사회적 유전자'라고 할 수 있다. **'문화적 유전자'는 '생물학적 유전자'와는 달리 문화적 관습과 모방을 통해서 무의식적 또는 의도적으로 배워서 몸에 익히는 것이다. 인간은 이렇게 '생물학적 유전자'와 '문화적 유전자'로 이루어진 존재라고 할 수 있다.**

한국인 손재주의 비밀은 바로 이 '문화적 유전자'에 숨어 있다. 5천 년의 생명력이 담긴 한국인의 네 가지 '문화적 유전자'를 탐구해 본다.

젓가락 유전자

　인간의 손은 인체에서 가장 복잡한 구조를 지니고 있다. 손에는 1㎠ 당 1000여 개에 이르는 신경 종말이 분포되어 있고 그 대부분은 손가락 끝에 몰려 있다. 양손에는 인체 뼈의 4분의 1에 해당하는 54개의 뼈가 존재한다. 뼈가 많으니 관절도 많다. 젓가락을 사용해 무언가를 집으려면 50여 개의 근육과 30여 개의 관절을 동시에 움직여야 한다. 이에 손 근육이 섬세하게 발달하고, 세밀한 작업에 필요한 손기술을 갖추게 한다. 손이 차지하는 신경의 비율도 거의 몸 전체와 맞먹는다. 손가락은 시력을 잃은 시각장애자와 말 못 하는 청각장애인의 눈과 입이 되어 준다.

　한·중·일 3국은 모두 젓가락을 사용한다. 하지만 그 길이나 생긴 모양이 먹는 방식과 음식 재료에 따라 각기 다르다. 중국은 큰 접시에 담긴 음식을 나누어 먹는 경우가 많고 기름진 요리 때문에 젓가락도 길고 굵으며 뭉툭하다. 재질은 주로 대나무로 만들어진다. 일본은 개개인에게 독상을 차리는 문화와 생선 회나 초밥처럼 작은 크기의 음식이 많아 젓가락 길이가 짧고 끝이 뾰족하다. 재질은 나무와 플라스틱이 많이 쓰인다.

한국의 젓가락은 중국과 일본의 중간 길이로, 끝이 둥글고 납작하며 무늬나 홈이 파여 있는 것이 일반적이다. 그리고 쇠로 만들어져 내구성이 뛰어나고 위생적이며 세척이 용이하다.

한국의 쇠젓가락은 나무젓가락에 비해 무겁고 납작해서 정교한 근육 조절과 동작이 필요하다. 때문에 손의 소(小)근육 발달을 돕고, 정밀한 작업 수행능력을 향상시킨다. 또한 납작한 쇠젓가락을 사용할 때 미끄러지지 않도록 정확하게 힘을 조절해야 하므로, 손가락의 집게 기능이 강화된다. 이로 인해 섬세한 손동작이 필요한 작업에 유리하며, 작은 음식을 집기 위해 집중력이 요구되므로 전반적인 정신 집중력 향상에 기여할 수 있다.

한국인에게 젓가락질은 깻잎, 콩자반, 묵, 순두부 등 다양한 굵기와 경도의 음식을 편하게 집어먹는 무의식적인 동작이지만, 이 작은 손놀림에는 정교함과 정확함, 집중력을 향상시키는 비밀이 담겨 있다.

젓가락 사용이 대뇌의 성장 발달과 두뇌 퇴화 예방에 효과가 있다는 사실은 이미 널리 알려져 있다. 젓가락은 음식을 먹기 위한 도구를 넘어, 뇌와 근육 훈련까지 가능하게 한다.

이와 같은 손재주와 두뇌 발달은 한국인의 높은 지능과 성취와도 관련이 있다는 평가를 받는다. 2023년, 세계마인드스포츠위원회는 한국인 김영훈 씨를 역사상 가장 높은 지능지수(IQ)-276-를 가진 사람으로 발표했다. 핀란드 지능 테스트 기관 윅트콤(Wiqtcom)이 조사한 109개국의 지능지수 순위에서도 한국은 평균 IQ 110.8로 5위를 차지했다. 또한, 2022년 국제학업성취도평가(PISA)를 기준으로 한 '가장 똑똑한 국가 순위'에서도 한국은 상위권을 기록하며 학문적 성취를 입증했다.

세계적인 미래학자 앨빈 토플러는 "젓가락질하는 민족이 21세기 정보화 시대를 지배할 것"이라고 예견했다. 20세기의 위대한 바이올리니스트 예후디 메뉴인은 "찔러서 먹는 공격적인 포크에 비해 젓가락은 다치지 않게 집는 평화적인 문화"라고 칭송했다. 한국에서 젓가락 사용의 역사는 깊다. 백제 무령왕릉에서 출토된 쇠젓가락을 통해 최소 6세기 이전부터 사용된 것으로 추정된다.

결론적으로, 한국의 쇠젓가락은 손의 소근육 발달과 정교한 동작 수행 능력을 향상시키며, 반복적인 사용을 통해 두뇌와 신경 발달에도 긍정적인 영향을 준다. 이 작은 도구는 한국인의 손재주와 지능 발달의 비결로, 전통과 현대적 가치를 이어 주는 중요한 매개체다.

비빔밥 유전자

2023년 세계인이 가장 많이 검색한 음식은 무엇일까? 바로 '비빔밥'이다. 구글이 발표한 2023년 분야별 올해의 검색어 순위에서 한국의 비빔밥은 일본의 스시, 이탈리아 파스타, 스페인의 에스페토스(정어리 꼬치 구이) 등을 제치고 음식 분야 1위를 차지했다. 이는 한국 드라마 등 대중문화의 영향으로 한식에 대한 세계인들의 관심이 높아진 결과로 풀이된다. '세계인의 음식'이라는 명성을 얻은 비빔밥은 다양한 재료를 비벼 내는 방식으로, 한국 문화의 창의성과 역동성을 상징하는 대표 음식이기도 하다.

비빔밥의 유래에 대해서는 여러 가지 설(設)이 존재한다. 먼저 신인공식(神人共食)에서 유래했다는 설로 산신제, 동제 등 다양한 제사와 의식에서 차려진 음식을 한 그릇에 담아 섞어 먹었다는 것이다. 그리고 농번기에 바쁜 일손을 덜기 위해 밥과 찬을 섞어 먹었다는 설과 섣달 그믐날 묵은 해의 남은 음식을 처리하기 위해 묵은 나물과 밥을 비벼 먹었다는 설 등이 있다. 문헌상으로는 1800년대 말

요리책인《시의전서》에 비빔밥이 '부븸밥(汨董飯)'으로 기록되어 있고, 여러 재료와 한데 섞는 밥이라는 의미로 '골동반(骨董飯)'으로 도 표기되었다.

한국학중앙연구원 주영하 교수는《비빔밥의 진화와 담론 연구》에서 "1980년대 전주비빔밥이 향토 음식 바람을 타고 서울 중심부에 상륙하면서 전주의 대표 음식이 되었고, 1990년에는 대한항공 기내식으로 채택되면서 한국의 대표 음식이 되었으며, 2000년대 한류 바람을 타고 외국인들도 즐겨 먹는 세계적 음식이 되었다"고 했다. 또한 "비빔밥은 '발명된 전통'이며 이 과정에서 먹기 편리한 음식에서 한국의 문화와 영양 등의 담론을 동반한 음식으로 진화했다"고 덧붙였다.

비빔밥을 '음양오행'이 구현된 밥 한 그릇으로 해석하기도 한다. 식물성과 동물성의 절묘한 조화, 그리고 갖가지 나물의 오색과 오미가 어우러진 음식이라는 데서 기인한다. 비디오아티스트 백남준은 비빔밥을 이미 섞인 것이 아니라 여러 가지를 직접 섞어서 새로운 것으로 만드는 '섞음의 문화', '융합의 문화'로 해석했다.

비빔밥에는 쌀, 나물, 고기, 계란, 고추장 등 다양한 재료가 사용된다. 각각의 재료는 고유한 맛과 영양을 지니고, 하나의 그릇 안에서 조화롭게 섞여 새로운 맛과 영양가를 만들어낸다. 이는 다양한 문화, 아이디어, 기술이 결합하여 새로운 혁신과 가치를 창출하는 '융합'의 개념과 일치한다. 또한 비빔밥은 각자의 취향에 따라 재료를 선택하고 조합할 수 있는 자유를 제공하며, 종종 여러 사람이 함께 나누어 먹는 음식이므로 개인의 창의성과 개성 그리고 협력과 조화를 상징하기도 한다.

시각적으로 아름다운 비빔밥을 '화반(花飯)'이라 한다. 뜻 그대로 넉넉한 그릇 속에서 '꽃처럼 화려하고 예쁘다'는 의미다. 재료를 적절한 크기와 모양으로 손질하고, 그릇에 균형 있게 배치하며, 색깔과 질감의 조화를 고려하는 과정에서 미적 감각과 섬세한 손길이 필요하다.

보통 '손재주가 좋다'는 표현은 남들이 생각하지 못하는 것을 창의적으로 만들어 내거나, 남들보다 빠르고 능숙하게 작업을 수행하는 것을 의미한다. 한국인의 손재주는 다양한 재료를 섞어 본연의 맛을 유지하면서도 어울림의 맛을 담은 비빔밥을 신속하게 만들어 내는 데서 잘 드러난다. 비빔밥을 만드는 과정은 겉보기에는 단순하지만, 재료의 융합과 조화를 통해 그 가치를 보여 준다. 이 과정에서 손의 민첩성과 섬세함이 요구되며, 이러한 반복적인 작업이 한국인의 손재주를 자연스럽게 향상시킨다.

뒤에서 설명할 세계적 수준의 화장품 제형 기술은 비빔밥의 섞음과 조화 그리고 창의의 개념에 뿌리를 두고 있다.

반도 기질 유전자

　한국은 반도 국가다. 반도 국가의 국민들은 대륙과 바다 양쪽에서 끊임없이 침략과 교류를 겪으면서 강인함, 연대감, 용맹스러움을 키워 왔다. 이러한 역사적 배경 속에서 생존을 위한 강한 민족성과 다혈질적인 성향을 보이기도 한다. 동시에 반도 국가들은 개척과 탐험의 역사를 통해 창의성과 예술적 재능을 발전시키는 경향이 있다. 이는 이탈리아, 이베리아, 발칸 반도 등의 다른 반도 국가들에서도 유사하게 발견되는 현상이다.

　전 세계에 가장 많이 퍼져 있는 민족은 약 6천만 명으로 추산되는 중국인이지만, 인구 대비로 보면 한국인은 약 15%(약 750만 명)에 달해 중국(약 4.3%)보다 월등히 높다. 단일민족의 신화가 견고한 한국이지만, '디아스포라(특정 민족이 기존에 살던 땅을 떠나 다른 지역으로 이동하여 집단을 형성하는 것)'는 우리와 늘 함께했다. 나·당(羅唐) 연합에 의해 당나라로 끌려간 백제와 고구려 유민, 스탈린에 의해 강제 이주된 연해주 한인, 식민지 조선을 떠난 재일조선인과 고려인, 한국전쟁의 실향민과 이산가족, 그리고 독일과 중동으로 떠난 간호사, 광부, 건설 노동자 등 한국인은 모두 민족의 역경을 이겨 내며 강한 민족적 자긍심과 국토 의식을 키워 왔다.

대륙과 섬, 육지와 바다가 접하는 반도라는 지리적 특성은 다양한 문화를 유연하게 수용하고 이를 고유한 방식으로 정착시켰다. 유럽과 지중해를 잇는 이탈리아(반도)는 기독교를 중심으로 다양한 문화를 만들어 냈고, 동서양의 접점인 튀르키예(터키 반도)는 양대 문명을 융합한 독창적인 문화를 형성했다. 스페인, 포르투갈(이베리아 반도)는 이슬람과 서양 문명의 접점에서 역사의 한 시대를 주도했다.

한국 역시 외래 문화를 수용해 전통 문화와 결합하고, 이를 재해석해 고유한 형태로 발전시켰다. 예를 들어, 서양에서 유래한 커피는 다양한 디저트와 음료, 개성 있는 프랜차이즈와 결합해 한국만의 매력적인 카페 문화로 재탄생했다. 패션 산업도 서구와 일본의 영향을 받았지만, 한국 특유의 미적 감각과 트렌드를 결합해 세련된 스타일로 발전했다. 한국의 드라마와 영화는 서구에서 도입한 장르와 이야기 구조에 한국적인 정서와 사회적 이슈를 반영해 고유한 매력을 지니게 되었고, K-팝 또한 서구의 팝음악 요소를 수용하면서, 한국적인 퍼포먼스와 비주얼을 강조해 세계적인 인기를 얻고 있다. 이처럼 외래 문화의 본래 성격은 점차 희미해지고, 한국인

의 창의적인 해석과 손재주, 기술력이 더해져 '비슷하지만 다른' 새
로운 문화로 자리 잡는다. 이러한 유연성, 창의성, 그리고 고유성이
바로 반도 기질의 특징이라 할 수 있다.

한국인의 반도 기질은 경계가 희미해지고 융합이 필요한 현대사
회에서 경쟁력으로 작동하고 있다. 세계가 폐쇄와 개방을 반복하는
과정에서 반도는 집단 간 갈등을 해소하고 의사소통을 매개하는 중
요한 역할을 해 왔다. 또한, 다양한 문화적 요소를 융합하고 창조적
으로 재해석하는 능력은 현대 산업의 여러 분야에서도 가치를 인정
받고 있다.

한반도의 지형은 관찰자의 시각과 마음에 따라 다르게 보인다. 대
륙을 향해 포효하는 호랑이, 흥겹게 춤추는 장구꾼, 꽃이 만발한 무
궁화 나무 등은 모두 한국인의 정체성과 민족적 자긍심을 상징하는
이미지들이다. 이러한 상징들은 한반도가 가진 역사적, 지리적, 문
화적 특성을 반영하며, 한국인의 정체성을 더욱 견고히 하고 있다.

빨리빨리 유전자

　우리의 '빨리빨리' 문화는 외국인들이 한국을 경험할 때 가장 독특하다고 느끼는 특징 중 하나다. 이 문화는 시간 효율성을 극대화하려는 생활 습관에서 비롯된 것으로, 일상 속에서 쉽게 발견할 수 있다. 예를 들어, 화장실에서 볼일을 보며 양치질을 하거나, 엘리베이터 닫힘 버튼을 반복해서 누르는 행동, 손님 대신 가게 주인이 카드 서명을 하고, 웹사이트가 3초 안에 열리지 않으면 닫아 버리는 행위, 컵라면이 채 익기도 전에 뚜껑을 열어 먹는 모습 등이 그러하다. 이런 습관들은 이동 시간을 줄이고, 빠르게 일을 처리하려는 의식이 반영된 결과다.

　'빨리빨리'의 의미는 '속도'고, 빠르기는 '발전'의 한 표현이다. 이는 한국 사회의 급격한 발전을 이끈 원동력이었다. 불과 몇십 년 전만 해도 국제 원조에 의존하던 한국이 오늘날 공여국으로 탈바꿈할 수 있었던 배경에는 정부 정책과 기업 오너들의 신속한 판단, 그리고 이에 발맞춘 한국인의 민첩성이 크게 작용했다.

디지털 시대에 접어들어서도 '빨리빨리' 문화는 다양한 분야에서 강력한 힘을 발휘하고 있다. e커머스 분야에서 배송 속도는 품질만큼 중요한 경쟁 요소다. 아마존이 두 차례 시도한 당일 배송 서비스(아마존 프레시)가 성과를 내지 못한 것과 달리, 한국은 '로켓 배송'과 '새벽 배송'으로 세계적인 주목을 받고 있다.

그러나 속도를 중시하는 문화에는 긍정적인 면만 있는 것은 아니다. 대표적으로 '화병'을 들 수 있다. 이는 국제적으로 '한국 민속 증후군' 또는 '분노 증후군'으로 알려져 있으며, 주로 억눌린 감정을 쌓아 두거나 성급한 성격을 가진 사람들에게서 발생하는 경향이 있다. 서울대 행복문화센터의 조사에 따르면, 한국인의 절반 이상이 심리적 울분을 경험한다고 답했는데, 이는 독일(2.5%) 등 다른 국가와 비교해 매우 높은 비율이다. 이러한 결과는 '빨리빨리' 문화가 효율성을 추구하는 동시에 스트레스와 불만을 가중시킬 수 있다는 한계를 보여 준다.

그럼에도 '빨리빨리' 문화는 '신속하고 정확한 한국인'이라는 긍정적인 이미지와 함께 현대 사회에서 하나의 미덕으로까지 받아들여지고 있다. 이는 속도를 중시한 우리 민족의 강점이자 시대적 축복이라 여겨진다.

앞서 설명한 한국인의 문화 유전자, 즉 젓가락질, 반도 기질, 비빔밥은 빨리빨리 문화와 긴밀하게 연관되어 있다. '쇠젓가락'은 나무 젓가락보다 무겁고, 미끄러지기 쉬워 숙련된 기술과 정밀한 손놀림이 요구된다. 어릴 때부터 이런 젓가락질을 사용하는 한국인들은 손재주가 발달하게 되고 이 손재주는 다양한 작업에서 빠르고 정밀한 동작을 가능하게 한다.

또한 '비빔밥' 조리 과정은 여러 재료를 한 번에 효율적으로 섞어내는 기술을 필요로 한다. 이는 한국인의 융통성과 균형 잡힌 사고방식을 반영하며, 복잡한 상황을 신속하게 처리하고 조율하는 능력으로 이어진다.

'반도 기질'은 외부의 다양한 문화와 기술을 받아들이고, 이를 한국식으로 변형해 빠르게 발전시키는 능력을 키우게 했다.

결론적으로, '빨리빨리' 문화는 단순히 속도를 중시하는 것이 아니라, 정밀함, 융합, 유연성을 바탕으로 한 효율성과 적응력을 상징한다.

독일 사회학자 페터 보르사이트는 저서 《템포 바이러스》에서 "부유한 나라일수록 국민들의 속도와 박자가 빨라진다"고 언급하면서, 현대 사회에서는 속도의 압박을 피할 수 없음을 강조했다. 실제 인간의 역사는 속도와 밀접하게 연결되어 있다. 더 빠른 행동은 더 많은 승리와 성취를 가져다주었다.

한국인의 네 가지 문화 유전자는-젓가락질, 반도 기질, 비빔밥, 그리고 빨리빨리- K-뷰티에도 자연스럽게 스며들어 있다. 정교한 손재주로 탄생한 화장품과 함께, 아름다움을 구현하는 다양한 형태의 K-뷰티에 대해 조명해 본다.

1.7㎝의 명화,
네일 아트

　손톱은 손가락 말단 부위에 붙어 있는 반투명의 단단한 케라틴 판이다. 손을 보호하고 물체를 잡는 데 도움을 준다. 성인 여성의 손톱 두께는 평균 0.5㎜이며 한 달에 약 3㎜ 정도 자란다. 손톱은 몸체 부분인 조갑판과 손톱 끝 가장자리인 손톱끝아래허물, 손톱을 둘러싼 근위부 조갑주름 등으로 구성되고, 겉으로 보기에는 단순해 보이지만 피부 부속물의 하나로 기능적 중요성을 지닌다.

　네일 아트는 손발톱을 장식하거나 청결하게 가꿔 주는 행위를 말한다. 우리나라에서 네일 아트의 역사는 고려시대부터 시작되었다. 이규보의《동국이상국집(東國李相國集)》에 '염지갑화(染指甲化)'라 하여 봉숭아로 손톱을 물들이는 풍습이 언급되어 있다. 첫눈이 내릴 때까지 봉숭아 물이 손톱에 남아 있으면 첫사랑이 이루어진다는 속설도 전해진다. 고대 이집트와 중국에서는 신분을 나타내는 것으로 사용되었다. 기원전 5세기 이집트에서는 혜나를 이용해 신분이 높을수록 진한 적색으로 손톱을 물들였다.

중국의 상류층은 벌꿀, 계란 흰자위, 아라비아 고무 등을 이용해 금색, 은색, 빨강 등의 화려한 색으로 손톱을 꾸몄다. 중세에 들어 유럽에서는 남성들도 손톱에 색을 입혔는데, 전쟁에 나가기 전 손톱과 입술을 같은 색으로 칠해 자신의 용맹함을 적에게 과시했다고 전해진다.

현대의 네일 아트는 1830년대 발 전문의 사인시트가 손톱 관리 도구를 개발하면서 시작되었다. 그는 치과에서 사용되던 기구에서 착안해 '우드 스틱(Wood stick·손톱 다듬기)'을 처음 고안해 냈다. 1920년대에는 프랑스의 미용 아티스트 미셸 메나르가 자동차 도료에서 영감을 받아 매니큐어를 만들어 냈고, 1973년 미국 기업 IBD가 인조 손톱을 개발하면서 네일 아트의 대중화를 이끌었다.

한국에서는 1988년 서울올림픽 당시 육상 선수 그린피스 조이너의 화려한 손톱이 주목을 받으면서 네일 아트가 알려졌고, 같은 해 이태원에 첫 네일 숍이 생겼다. 지금은 전국에 약 1만 5000개의 네일 숍이 운영되고 있을 만큼 대중화된 상태다.

한국의 네일 아트는 창의성과 정교함, 그리고 뛰어난 기술력으로 세계적인 관심과 찬사를 받고 있다. 손톱 위에 한글이나 영문 캘리그래피를 세심하게 그려 넣는 작업은 한국 네일 아트의 섬세함을 보여 주는 대표적인 예다. 또한 전통 한복의 색감과 문양에서 영감을 얻은 디자인이나, 고객의 취향과 이야기를 반영한 맞춤형 제작은 개성뿐만 아니라 개인의 서사를 담아내는 독특한 예술적 접근을 보여 준다. 계절에 따라 변화하는 테마 디자인이나 발렌타인데이, 크리스마스 같은 기념일을 상징하는 스타일은 물론, 글라스 네일, 다이아몬드 파편 네일, 와이어 네일 등 끊임없이 혁신적인 스타일을 선보이면서 지속적인 인기를 이어 가고 있다.

(자료: Instagram: @ang.tt_nail & peachxxnail)

평균 면적 1.7㎠에 불과한 손톱을 세상에서 가장 작은 캔버스로 삼아 스톤, 진주, 텍스처 등을 활용한 정교한 디자인은 한국 네일 아트의 세밀함을 극대화한다. 이러한 창작 과정은 견본 제작과 품평을 거쳐 완성도를 높이는 체계적인 접근으로 이루어진다.

뿐만 아니라 한국 네일 숍은 손톱의 아름다움과 건강을 동시에 중시한다. 천연 성분의 영양제와 큐티클 제거제를 사용해 손톱 손상을 최소화하고, 위생적인 도구와 작업 환경을 유지한다. 더불어

젤 네일 방식, LED 램프, 네일 프린터 등 첨단 기술을 적극 활용해 장식의 지속성과 광택을 한층 강화하고 있다.

이런 차별화된 경쟁력 덕분에 한국의 네일 아티스트들은 국제대회에서도 두각을 나타내고 있다. 네일 프로 컴피티션, 네일 프로 프리미어, 글로벌 네일 컵 등 세계적인 대회에서 다수의 수상을 기록하며 실력을 인정받았다. 심지어 네일 아트 선두 주자인 미국과 일본에서도 한국의 기술을 배우려는 움직임이 활발하다.

세계 최대 네일 제품 기업인 키스그룹(KISS Group)은 한국인의 손재주가 만든 또 하나의 성공 신화다. 재미교포 장용진 회장이 1989년 미국 뉴욕 플러싱에서 설립한 이 회사는 연매출 1조 4000억 원, 직원 1만 2000명을 거느린 글로벌 뷰티 기업으로 성장했다. 키스그룹은 패션 네일과 속눈썹 제품 시장에서 각각 83%와 65%의 점유율을 기록하며 100여 개국에 진출해 있다.

손재주가 뛰어난 한국인들에게 네일 아트는 몸에 딱 맞는 옷과 같다.

몸에 그려 낸 신념과 서사,
타투(Tatto)

타투(문신)는 피부에 색소를 주입해 일정한 문양을 남기는 것을 말한다. 색소를 진피층에 입혀 영구적으로 문양이 남도록 하면 '타투'고, 표피나 진피층 상부에 색소를 넣어 2~3년간 유지되다가 옅어지면 '반영구 화장'으로 분류된다.

과거 타투는 '혐오'와 '미개'라는 부정적 이미지로 치부되곤 했다. 하지만 옥스퍼드 대학의 인류학자 윌리엄 험블리는 《문신의 역사와 그 의미》에서 타투의 기원과 함께 그 주술적, 신분적, 미적 기능을 조명하면서, 타투가 단순한 낙인이 아니라 다양한 문화적 의미를 지녔음을 밝혔다.

예를 들어, 북아메리카 인디언들은 두통과 치통을 치료하기 위해 이마와 뺨에 신성한 형상을 새겼고, 뉴질랜드 마오리족은 높은 지위를 상징하는 얼굴 문신을 통해 사회적 계층을 나타냈다. 또한 아이누족 여성들은 아름다움을 위해 입술 주위에 문신을 새겼다.

한국에서 타투는 1992년 대법원이 타투 시술을 '의료행위'로 규정하면서 비의료인의 타투 시술이 불법으로 분류되었다. 그럼에도 불구하고, 타투는 젊은 세대를 중심으로 개성과 자유를 표현하는 패션·미용 수단으로 빠르게 자리 잡았다. 국내에서 타투 시술을 받은 사람은 약 100만 명, 타투이스트는 약 2만 명으로 추산된다. 트렌드모니터의 2021년 조사에 따르면, 20~30대의 약 40%가 타투 시술 경험이 있으며, 유경험자의 시술 평균 횟수는 2.25회였다. 시술 이유로는 '재미와 호기심', '개성 추구', '자존감 회복' 등이 꼽혔다.

한국 타투의 가장 큰 강점은 정교함과 세밀함에 있다. 손바닥 크기 이하의 면적에서도 높은 수준의 디테일을 구현하면서, '파인 타투(Fine Tattoo)'라는 독자적인 장르를 탄생시켰다. 특히, 섀도잉(Shading)과 하이라이팅(Highlighting)을 활용한 입체감 표현, 리얼리즘(Realism) 기법을 통한 실제 사진 수준의 구현, 디지털과 수작업을 결합한 하이브리드(Hybrid) 기술은 한국 타투가 피부 위에 예술을 구현한다는 평가를 받게 했다.

또한, 한국의 타투는 전통과 현대적 감각이 조화롭게 결합되어 독창적인 매력을 지닌다. 민화 속 호랑이, 한글 캘리그래피, 한복 문양 등 전통적 요소를 현대적으로 재해석한 디자인이나, 꽃과 동물 같은 자연적 주제를 미니멀리즘과 결합한 표현은 개성과 예술성을 동시에 드러낸다. 타투의 주제는 사랑하는 사람과의 추억, 인생의 전환점, 혹은 개인의 신념 등 각자의 서사를 담아 고유한 이야기를 표현한다.

위생과 안전 면에서도 한국 타투는 높은 수준을 유지하고 있다. 타투 시술에 대한 법적 규제가 오히려 업계가 자발적으로 위생 관리 수준을 높이는 계기가 되었고, 최신 소독 장비와 고품질 재료를 사용하여 감염 위험을 최소화하고 있다. 사용되는 색소와 장비는 피부 자극을 줄이도록 설계되었으며, 청결한 작업 환경과 꼼꼼한 관리 절차는 한국 타투에 대한 신뢰도를 높이는 중요한 요인이다. 이러한 체계는 국제적으로도 인정받아 많은 해외 타투이스트들이 한국의 위생 및 시술 기술을 배우고자 한다.

(자료: tattooer_insso & chengdo)

한국 타투가 글로벌 시장에서 주목받기 시작한 것은 2010년대 후반, 인스타그램을 통해 한국 타투이스트들의 작품이 널리 알려지면서부터다. 처음에는 '코리아 스타일'로 불리다, 이후 '파인 타투'로 재정립되었다. 홍콩, 싱가포르 등 아시아권은 물론, 서구권 타투숍에서도 한국 타투이스트의 디자인이 꾸준히 요청되고 있다. 또한, 미국 '골든 스테이트 타투 엑스포', 런던 '인터내셔널 타투 컨벤션' 등 세계적인 타투 대회에서도 다수의 수상을 기록하며 기술력을 인정받고 있다.

더욱이, K-팝을 비롯한 한류의 영향으로 외국 셀럽들이 한국을 직접 방문해 타투를 받으면서 한국 타투의 명성은 더욱 확산되고 있다.

포춘 비즈니스 인사이트에 따르면, 2021년 세계 타투 시장 규모는 약 17억 5000만 달러(약 2조 2900억 원)로 추산되고, 2029년까지 연평균 9.4%의 성장이 예상된다. 이러한 성장세 속에서 한국 타투는 정교한 기술력, 독창적인 디자인, 안전하고 위생적인 시술 방식으로 글로벌 시장에서 더욱 강력한 입지를 다질 것으로 기대된다. 단순히 몸을 꾸미는 장식에서 벗어나, 예술적 가치와 개성을 표현하는 매개체로 자리 잡은 한국 타투는 K-뷰티를 잇는 새로운 한류 문화로 떠오르고 있다.

손끝에서 시작된
10만 개의 실루엣, 가발

　우리나라에서 가발의 역사는 깊다. 가발을 뜻하는 가체(加髢)는 고대시대부터 여인들이 머리를 꾸미기 위해 사용하던 장식품이었다. 357년에 축조된 고구려 안악3호분 벽화에는 가체를 쓴 여인들의 모습이 그려져 있다. 723년 신라 조정이 사신과 함께 가체를 의미하는 다리(月子)를 당나라에 예물로 보낸 기록도 있다. 당시 사람의 머리카락은 귀금속만큼 귀한 것으로 여겨졌다. 조선시대에 가체는 여성의 복식을 완성하는 필수 요소였다. 형편이 되는 사람들은 반드시 가체를 장만해 중요한 자리에서 착용했다.

　1960년대 한국은 세계 가발 수출 1위 국가로, 당시 수출액의 10.8%를 차지하며 약 1억 달러를 벌어들였다. 1970년대 초까지 가발이 대한민국 경제 성장에 기여할 수 있었던 이유는 여성들의 섬세한 손재주와 국내에서 조달 가능한 원료 덕분이었다. 당시 가발 제조공장에서 일했던 여공들은 빠르고 정확한 손놀림으로 머리카락 하나하나를 천에 꿰맸는데, 그 솜씨가 신기(神技)에 가까웠다고 전해진다. 가발 원료는 주로 국내에서 조달되었다. 모발 수집상들이 전국을 돌면서 머리카락을 흥정하거나 미용 서비스로 꾀어 원료를 확보했다.

현대 한국 가발은 자연스러운 외관과 세심한 제작 과정을 통해 세계적으로 인정받고 있다. 모발의 방향, 밀도, 컬(curl)의 정도를 정교하게 조정해 실제 머리카락처럼 자연스럽게 보이도록 제작되고, 여전히 중요한 작업은 숙련된 기술자들이 손으로 모발을 직접 심어 완성한다. 이러한 정밀한 수작업 덕분에 한국 가발은 품질과 기술력에서 글로벌 경쟁력을 갖추게 되었다.

또한, 착용자의 편안함을 극대화하기 위해 경량 소재와 높은 통기성을 적용해 장시간 착용에도 쾌적함을 유지하도록 설계되었다. 피부 자극을 최소화한 의료용 가발과 개인 맞춤형 가발 등 폭넓은 제품군도 갖추고 있어, 소비자의 다양한 요구를 충족시키는 점에서 강점을 보인다.

가발 제작 과정은 고객의 두상, 모발 상태, 탈모 수준 등을 세밀히 파악하는 단계에서 시작된다. 이후 직업과 라이프스타일에 맞춘 소재와 디자인을 결정하고, 고객 맞춤형 틀 위에 인모나 인조모를 한 올씩 정교하게 심는 작업이 이어진다. 이 과정은 짧게는 하루, 길게는 한 달 이상 소요된다. 섬세한 손길로 완성된 결과물은 자연스러운 외관뿐 아니라 실용성과 미적 만족감을 동시에 제공한다.

최근 들어 한국에서 가발은 탈모용이라는 고정관념에서 벗어나, 빠르고 간편하게 스타일을 변신시킬 수 있는 패션 아이템으로 인식되고 있다. 한성대학교 뷰티디자인학과의 조사에 따르면, 가발 착용 동기로는 '외모 관리(38.2%)'가 가장 높고, '대인관계(33.9%)', '사회적 인식(22.4%)', '취업 및 면접(5.5%)' 순으로 나타났다. 특히 젊은 세대 사이에서는 가발이 개성을 표현하고 다양한 스타일을 시도할 수 있는 도구로 자리 잡고 있다.

1970년대 한국은 세계 가발 시장의 약 90%를 점유했지만, 현재는 약 20% 수준이다. 가성비를 내세운 중국산 가발이 약 60%를 차지하고 있다. 한국 가발 업계는 고품질 소재인 '모다크릴(폴리아크릴계 원사)'을 활용한 프리미엄 제품으로 차별화하거나, 아프리카와 중동 등 수요 증가가 기대되는 시장을 개척하고 있다.

아프리카 가발 시장의 70%를 점유하는 기업은 사나(SANA)그룹이다. 1989년 가발 제조업체로 설립된 이후 아프리카에서 가장 유명한 한인 기업으로 성장했다. 케냐를 포함해 에티오피아, 남아프리카공화국 등 10개국에 공장을 두고 1만여 명의 현지인을 고용하고 있다. 아프리카에서는 삼성전자나 현대차보다 더 유명한 한국 기업이다.

창의적 해법,
제형 기술

예전의 화장품 내용물은 유백색이나 투명한 색이 주를 이루었는데, 이는 여러 성분들을 섞거나 흡수시키는 기술이 지금처럼 발달되지 않았기 때문이다. 그러나 지금은 난용성 또는 결정성 성분을 잘 혼합하고, 불안정한 효능 성분을 안정화하는 제형 기술이 발전하면서 독특한 형태와 색상, 다양한 사용감을 가진 내용물이 가능해졌다. 예를 들어, 무지갯빛 캡슐로 이루어진 세럼, 2층 또는 다층 구조의 토너와 클렌저, 액상 타입의 크림 등은 이제 사용감은 물론 시각적 즐거움까지 선사한다. 이러한 것들이 가능케 한 제형 기술은 한국의 화장품 연구소에서 이루어지고 있고, 국제적으로 높은 평가를 받고 있다.

화장품 제형에 대한 이해와 몇 가지 특색 있고 창의적인 제형 기술을 살펴본다.

화장품 제형에 대한 이해

　화장품을 구매 시 보통 손등에 톡톡 발라 보며 향과 내용물이 자신의 취향에 맞는지 확인한다. 이때 '묽다', '무겁다', '산뜻하다' 등으로 느끼는 사용감은 제형의 특성에서 기인한다.

　'제형'이란, 화장품의 사용목적이나 용도에 맞게 다양한 성분을 혼합하고 질감과 외관을 부여해서 만든 제제의 형태를 말한다. 화장품의 제형은 물리적인 경도와 점도에 따라 크게 액상, 고상, 페이스트상, 젤상으로 분류된다. 또한 제형 내에 있는 분산된 입자의 크기 유무에 따라 가용화, 유화 제형으로 구분된다.

화장품 내용물의 물리적 경도·점도에 따른 품목 분류

물리적 경도·점도에 따른 분류	제품 종류
액상	토너, 클렌징워터, 리퀴드솝 등
고상	립스틱, 밤 타입, 메이크업 파우더 등
페이스트(Paste)상	로션, 크림, 폼클렌징 등
젤(Gel)상	샴푸, 클렌징젤, 바디클렌저 등

화장품은 일반적으로 물(수상·水狀)과 기름(유상·油狀)의 복합 물질로 구성된다. 제형이 액상에 가까울수록 수상이 많고, 고상에 가까울수록 유상이나 고체 성분이 많다. 액상과 고상의 중간 형태는 젤상이나 페이스트상으로, 점도나 경도를 높이는 성분을 배합함으로써 얻을 수 있다.

입자 크기 기준, 가장 많이 차지하는 유화 제형은 수상과 유상이 적절한 비율로 배합된 형태다. 수상과 유상은 화학적 성질이 달라 서로 섞이려 하지 않는 특성이 있어 이를 잘 혼합하려면 계면활성제가 필요하다. 계면활성제는 유상과 수상을 균일하게 섞어 주는 화학성분으로 화장품 외 식품, 약품, 전자산업에 이르기까지 광범위하게 사용된다. 계면활성제는 크게 합성계면활성제와 천연계면활성제로 나뉜다. 석유계 원료로부터 만들어진 합성계면활성제는 기포력이 좋고 저렴하지만 유해성 논란이 있어 최근에는 식물성 또는 천연계면활성제가 선호된다. 식물성 계면활성제는 식물성 과당과 야자나무 지방산 등을 축합해 만든 글루코사이드(Glucoside) 계열과 코코넛오일, 사과·전분 등의 지방산에서 얻은 아미노산(Amino acid) 계열이 널리 사용된다.

천연계면활성제는 동식물, 미생물 등으로부터 직접 얻어지는 활성제로 환경적으로 안전하게 사용할 수 있는 장점이 있으나 가격대비 효능이 떨어져 응용 분야가 제한적이다.

수상과 유상이 혼합된 형태를 자세히 보면 작은 입자들이 분산되어 있는 것을 알 수 있다. 입자의 크기에 따라 제형의 투명도와 불투명도가 달라진다. 일반적으로 분산된 입자의 직경이 1㎛(마이크로미터)보다 작을수록 투명성이 증가하고, 클수록 불투명성이 증가한다. 또한 이러한 입자는 입자 안과 밖의 물질에 따라 구분된다. 입자 안이 유상이고 밖이 수상인 경우 O/W(Oil in Water), 그 반대의 경우를 W/O(Water in Oil)로 분류된다.

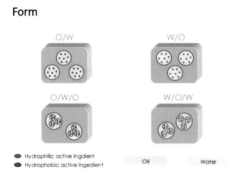

입자 형태별 제형 구분

화장품 연구원은 사용 용도와 사용감에 대한 요구사항을 반영하여 어떤 형태의 입자로 제형을 처방할지 결정한다. 앞서 설명한 것처럼, 유화 제형은 계면활성제의 도움으로 서로 섞이지 않는 두 가지 상이 잠시 혼합된 상태를 유지하지만, 시간이 지나면 다시 분리되는 경향이 있다. 이를 방지하기 위해 제형안정화제를 함께 배합하여 안정성을 확보한다. 일반적으로 화장품 사용기한이 2~3년 정도이므로 적절한 제형안정화제를 사용하여 이 기간 동안 효능과 사용감이 지속적으로 유지될 수 있도록 한다. 제형안정화제의 함량을 적절히 조절하면 원하는 제형의 경도와 점도를 얻을 수 있는데 로션상이나 크림상이 그 예다. 유화 제형이지만 화장수나 토너와 같이 투명성이 높은 제형은 상대적으로 제형 안정성이 높다. 이는 분산 입자가 작을 수록 분리되는 시간이 오래 걸리기 때문이다. 분산되어 있는 입자가 작은 경우 마이크로 유화나 나노 유화 등으로 부른다.

가용화 과정

　주로 인체 세정용 제품에 사용되는 가용화 제형은 비교적 많은 양의 계면활성제를 포함하고 있어 유상 성분을 쉽게 작은 입자로 분산할 수 있다. 이를 통해 제형이 투명하게 유지되고 산뜻한 사용감의 세정 효과를 느끼게 한다.

혁신적인 K-뷰티 제형 기술

앞서 설명한 바와 같이, 제형 기술은 화장품의 효과와 사용감을 극대화하기 위해 다양한 성분을 안정적으로 혼합하고, 특유의 질감과 외관을 부여하는 과정이다. 창의적 해법을 통해 발전한 K-뷰티의 제형 기술 중 몇 가지만 소개한다.

먼저, **다층 구조 제형**은 서로 다른 밀도와 특성을 가진 두 가지 이상의 액체를 하나의 제품에 담아 분리된 층으로 유지하는 기술로, 사용자가 제품을 흔들어 각 층의 성분이 혼합되도록 설계되어 있다. 이 기술은 액체의 층이 분리되어 안정화되어 있기 때문에 제품 사용 전에는 반드시 흔들어 혼합해야 최적의 효과를 발휘한다. 예를 들어, 수분 층과 영양 층을 분리하여 각 성분이 독립적으로 안정화되면 혼합 시 수분 공급과 영양 공급이 극대화되어 피부에 더 효과적으로 작용할 수 있다. 다층 구조 제형은 특히 성분의 안정성을 높이고, 제품이 적용될 때 각 층의 기능이 최적화되도록 하며, 피부에 필요한 다양한 기능을 동시에 제공하는 데 유용하다.

캡슐 제형은 다양한 색상의 캡슐에 활성 성분을 담아 제품 속에 넣는 방식으로, 사용 시 캡슐이 터지면서 신선한 성분이 방출되는 기술이다. 이 방식은 성분의 안정성과 효능을 높이는 동시에 시각적 흥미와 즐거움을 제공한다. 특히 동결 건조 기술을 활용하면 캡슐 내부의 성분이 장기간 보존되며 사용 시 바로 활성화되는 장점이 있다. 동결 건조 기술을 통해 쉽게 산화되는 비타민C와 같은 민감한 성분을 보호하고 전달할 수 있는데, 이는 성분의 신선도를 유지하고 피부에 더 효과적으로 작용하도록 한다.

나노 에멀전은 난용성 성분을 나노미터 입자로 분산시켜 안정적인 혼합 상태를 유지하는 기술이다. 초음파 분쇄법이나 고압 균질화 같은 기술을 통해 큰 입자를 미세하게 분쇄하여, 피부 깊숙이 유효 성분을 전달하고 흡수력을 향상시키며, 기름지거나 끈적임 없이 부드러운 사용감을 제공한다. 나노 에멀전 기술은 화장품뿐만 아니라 약물 전달 시스템 등에서도 활용된다.

고체-액체 하이브리드 제형은 고체와 액체 제형의 장점을 결합한 형태로, 크림, 젤 등 다양한 제품에 적용된다. 이 제형은 액체의 유동성과 고체의 점성을 조화롭게 혼합하여, 사용자가 제품을 쉽게 도포할 수 있으면서도 높은 효능을 제공한다. 젤화 기술을 활용해 액체가 고체 형태를 유지하도록 하고, 고체 입자를 미세하게 분산시켜 제품의 균일한 질감과 보습 효과를 높인다. 이 제형은 빠른 흡수력과 끈적임 없는 산뜻한 사용감을 제공한다. 젤 형태의 수분 크림이 대표적이며, 특히 여름철에 시원하고 가벼운 사용감을 부여한다.

K-뷰티의 혁신적인 제형 기술은 제품의 기능성과 미적 만족도를 동시에 제공하여 소비자들의 높은 기대를 충족시키고 있다. 이러한 기술의 기저에는, 쇠젓가락질의 '정교함', 비빔밥의 '융합과 창의', 반도 기질의 '유연성과 끈기', 그리고 '빨리빨리'의 속도가 조화롭게 상호작용하여, 마치 오로라처럼 독특한 빛을 발하고 있다.

K-뷰티 탐미

: 다섯 가지 힘

"문화를 이해하는 것은
산업의 미래를 여는 열쇠이다."

- 필립 코틀러(Philip Kotler)

5장

한류

최근 몇 년 사이 다음과 같은 일들을 목도할 수 있었다.

#1. 코카콜라가 한글 로고를 전면에 사용한 제품을 36개국에 내놓았다(2024년 2월). 이는 코카콜라 130년 역사상 처음이라고 한다. 한편, 맥도널드는 'BTS(방탄소년단) 세트'를 50개국에 출시하여 품절 대란을 일으켰고 뒤이어 '뉴진스 버거'를 아시아 10개국에서 선보였다.

#2. 고급 브랜드인 루이뷔통, 샤넬은 각각 블랙핑크 멤버를 글로벌 홍보모델로 선정했다(2024년 3월, 7월).

#3. 미국 보스턴미술관은 대규모 한류(Hallyu-The Korean Wave) 특별 기획전(2024년 7월)을 개최했다. 이 전시회에서는 기생충, 오징어 게임, BTS, 블랙핑크 등을 예시로 한국 대중문화가 어떻게 글로벌 현상이 되어 가고 있는지 설명했다. 놀랍게도 보스턴 미술관이 어떤 나라의 문화 산업 발전 과정을 조명한 것은 이번이 처음이라고 밝혔다.

이런 사례들은 한류의 원심력이 매우 커졌음을 시사한다. 코카콜라와 맥도널드는 식음료 분야에서 세계적 브랜드들이고, 루이비통, 디올, 샤넬은 패션계의 럭셔리 브랜드들이다. 보스턴미술관은 세계 4대 미술관 중 하나로 꼽힌다. **이렇게 세계적 브랜드들과 유수의 문화예술 기관이 한류에 손을 내미는 이유는 간단하다. 시장에서 확실한 유·무형의 수익을 보장받기 때문이다.**

이 같은 현재는 과거의 발걸음들이 만들어 낸 결과물이다. 그리고 오늘의 발걸음들은 내일을 형성하게 될 것이다. 그런 의미에서 '현재 한류'에 이르기까지 지나온 흔적들을 살펴보는 것은 '현재 한류'에 대한 보다 심도 있는 이해, 나아가 '미래 한류'를 전망하는 데에 중요한 출발점이 될 것이다. 그런 의미에서, 이하에서는 한류의 탄생과 성장을 이끈 배경들에 대해 살펴보려 한다.

한류의 탄생과 성장과정[*]

　19세기 후반 텔레비전, 라디오, 영화, 음반 등의 레거시 미디어를 기반으로 태동한 대중문화는 오늘날에는 SNS, 동영상 플랫폼 등 디지털 미디어를 기반으로 발전해 가고 있다. 우리나라는 1945년 광복과 함께 미군정을 통해 미국의 대중문화를 경험하기 시작했다. 당시 일본, 싱가포르, 태국, 필리핀 등의 아시아 국가들도 자국 내 산재된 미군 부대, 미국 문화원, 미군 방송을 통해 미국 문화를 수용하고 있었다. 일본은 미국에서 흡수한 방송·영상 기술과 자국 경제력을 바탕으로 양질의 대중문화 콘텐츠를 일찍부터 만들어 냈다. 하지만 일본의 식민주의를 경험한 한국은 일본 문화의 수입을 금지했다.

　세계 제2차 세계대전 이후 1980년대까지 세계 경제에서 절대적

---

[*] 본 장의 내용은 김윤지의 《한류외전》, 심두보의 《한류가 뭐길래》를 전반적으로 참고했다.

우위를 차지하던 미국 경제는 일본과 유럽 공동체(EU)가 부상하면서 약화되기 시작했다. 이를 만회하기 위해 미국은 자국 상품이 해외에서 관세 장벽 없이 판매될 수 있게 하는 방안을 모색했고, 7년의 시도 끝에 자유무역을 표방하는 '다자간 무역협상(우루과이 라운드)'을 성사시켰다(1993년 12월).

이 협상을 통해 미국은 글로벌 시장의 완전 개방, 관세 철폐, 자본의 초국적 이동을 추진해 갔다. 한편 자국 내적으로는 신문과 방송, 영화 산업 간 겸영을 금지했던 규제를 순차적으로 완화했고 이에 따라 거대자본이 미디어 산업에 대거 진입했다. 이는 외국에 대한 시장 개방 압력으로 작용했고 우리나라 영화 산업도 자유로울 수 없었다. 거대 자본을 등에 업은 미국 영화 산업의 한국 진출은 국내 영화 산업에게는 풍전등화와 같은 의미였다. 하지만 위기 속에 기회가 있다는 말을 증명이라도 하듯 국내 영화계는 이를 실현해 나갔다.

1993년에 개봉한 〈쥬라기 공원〉이 역설적으로 하나의 기회가 되었다. 〈쥬라기 공원〉은 국내에서 350만 명이 관람했고, 세계에서 거둔 흥행 수입이 8억 5000만 달러에 이른다. 당시 우리나라 전체 수출액은 822억 달러였고, 이 중 자동차 수출이 3위로서 45억 달러였다. 제조업 평균 영업 이익률(8~9%)를 고려하면, 〈쥬라기 공원〉의 흥행 수입은 한국이 자동차 150만 대를 수출한 것과 비슷한 규

모였다. 이러한 각성은, 영상 산업이 '굴뚝 없는 미래 먹거리 산업'
으로 급부상한 계기가 되었다. 그리고 같은 해 개봉한 영화 〈서편
제〉(관객 113만 명 돌파)는 한국 영화 산업의 성공 가능성을 보여
주었다. 이를 계기로 삼성, CJ, 대상 등 대기업들이 앞다투어 영화,
케이블, 음반 산업에 뛰어들었다.

대중문화 산업의 두 개의 축

　우리나라 대중문화는 1990년대 문민정부(김영삼, 김대중 정부) 하에서 비로소 산업으로 성장하기 시작했다. 신규 언론사와 방송사가 허가되고, 케이블 방송이 출범하면서(1995년) 제작사가 대거 등장했고 영화와 미디어 분야로 많은 인재가 진입했다. 제도적으로는 1999년 문화산업진흥기본법이 제정되어 국가의 문화 산업 지원 의무가 명문화되었으며 이와 함께 검열, 심의 제도가 완화 내지 철폐되었다. 이로써 **한국 대중문화 산업은 대중문화 주체들 사이의 경쟁 구도라는 하나의 축과 국가의 문화 산업 장려 및 불간섭이라는 또 하나의 축을 갖게 되었고 이는 양질의 콘텐츠 생산으로 이어지게 되었다.** 그 첫 결실은 〈질투〉(MBC, 1992), 〈사랑이 뭐길래〉(MBC, 1992), 〈여명의 눈동자〉(MBC, 1992), 〈모래시계〉(SBS, 1995), 〈첫사랑〉(KBS, 1996), 〈별은 내 가슴에〉(MBC, 1997) 등과 같이 시청률 50%를 웃돈 1990년대의 드라마들이다.

　한편 미국 영화 직배사의 국내 시장 진입으로 어려움을 겪었던 한국의 영화 산업계는 홍콩영화에서 돌파구를 모색했다. 특히 〈아비정전〉, 〈패왕별희〉, 〈천장지구〉, 〈중경삼림〉 등의 탐미주의적 스타일과 세련된 미장센이 한국 영화에 많은 영향을 미쳤다. 뿐만 아니라, 뮤직비디오와 TV 광고는 당시 한국 대중문화 종사자들에게 영감의 원천이 되었다. 그리고 응용을 통해 연습을 쌓아 가던 한국 영화 산업계는 1998년 멀티플렉스인 CGV가 들어서면서 흥행작들을 내놓기 시작했다. 〈접속〉(1997), 〈쉬리〉(1999), 〈박하사탕〉(2000), 〈JSA공동경비구역〉(2000) 등이 그런 사례로서 이들은 한국 영화의 르네상스를 열었고 나아가 영화 한류의 기반을 마련했다.

한국 대중음악은 1990년대에 풍성한 숲으로 자라나기 시작했다. 대중매체에서는 R&B, 힙합, 펑크 등과 같이, 그때까지 국내 대중가요 소비자들에게 낯설던 외국 사운드가 들려오기 시작했고 언더그라운드 무대에서는 발라드, 포크, 블루스, 퓨전재즈 등의 요소가 가미된 음악들이 연주되었다. 또한 교포와 유학생 출신의 가수들이 등장해서 기존 한국 대중음악 스타일과는 결이 다른 새로운 감성과 트렌드를 선보였다.

약 30년이 지난 2024년 현재, 한국의 대중가요 분야는 괄목상대했다. 4대 K-팝 기획사(HYBE, SM, JYP, YG)의 시가 총액은 약 15조 원에 이르고, 그중 하나(HYBE)는 대기업 집단(재벌)으로 지정

되었다.

현재 국내 K-팝계에는 약 50여 개의 연예 기획사가 존재한다. 그 중 SM은 선발업체로서 대중음악 시장을 개척했고 후속 연예 기획 사들에게 사업적 모델이 되었으며 JYP, YG, HYBE는 그 바탕 위에 음악 시장을 키워 나간 주요 업체들이라 할 수 있다. '음악 한류'를 이끌어 온 이 4개사의 과거는 '한국 대중음악의 산업화' 과정을 이 해하는 데에 중요하기 때문에 조금 더 스케치하고자 한다.

자본금 5000만 원으로 시작한(1996년) SM은 대중음악 산업의 '지 침서'였다. 1996년 H.O.T를 시작으로 S.E.S, 신화, 보아, 동방신기, 슈퍼주니어, 소녀시대, 샤이니, 엑소, 레드벨벳, 에스파 등에 이르 기까지 K-팝의 모든 지점에 SM이 있었다. SM은 연습생 제도를 비 롯, 발굴 및 성장을 위한 체계적인 시스템을 통해 대중음악이 산업 으로 발전할 수 있다는 것을 입증했다.

1997년에 사업을 개시한(당시 회사명은 태홍기획) JYP는 GOD, 비, 박지윤, 원더걸스, Miss A, 2PM, 2AM 등의 뮤지션을 통해 다양 한 장르의 음악을 선보였다. 당시 한국의 기획사들은 대부분 아시 아 시장 개척에 중점을 두었지만, JYP는 비와 원더걸스를 통해 팝 시장의 본류인 미국에 진출했다. 비록 성공은 못 했지만 원더걸스 가 2009년 빌보드 '핫 차트' 100위 안에 진입함으로써 미국 시장에 대한 가능성을 타진한 의미 있는 시도였다.

YG는 1996년 창립 이후 지누선과 빅뱅이 성공의 분기점이 되었고 2NE1의 잇따른 성공으로 2011년 말 코스닥에 상장했다. 2012년, 소속 가수인 싸이의 〈강남스타일〉은 K-팝의 글로벌 시장 진출에 그야말로 기폭제가 되었다. 앞서 얘기한 JYP의 미국시장에서의 시행착오와 학습 기회가 잠재적 역할을 하지 않았을까 싶다.

2005년 설립된 하이브는 한국 엔터테인먼트사 최초로 연 매출 2조 원(2023년)을 돌파했다. 방탄소년단, 세븐틴, 르세라핌, 뉴진스 등 거대 팬덤의 아티스트를 보유한 하이브는 IT 기반의 글로벌 엔터테인먼트 플랫폼 기업을 지향한다. 국내 엔터테인먼트사 최초로 팬덤 플랫폼인 위버스를 만들었고 K-팝의 새로운 판을 키워 나갔다. 위버스의 월간 이용자는 약 840만 명에 달한다. 위버스에는 온라인 공연 중계부터 굿즈 판매, 팬덤 교류까지 아티스트 IP(지식재산권)로 할 수 있는 거의 모든 아이템들이 결집돼 있다. 하나의 게임 체인저다.

결론적으로, 한국 대중문화 산업은 누란지위(累卵之危)의 상황에서 해외 콘텐츠의 모방과 학습을 통해 생존을 모색했고 그 노력 속에서 점차 한국만의 제작 시스템과 비즈니스 모델을 갖춰 나갔으며, 현재와 같은 산업적 생태계를 이루어 냈다. 하지만 이런 성장이 대중문화 산업계만의 노력으로 이룩된 것은 아니다. **대기업과 금융 자본의 투자가 없었더라면, 정치적 · 사회적 민주화가 이루어지지**

않았더라면, 다수의 언론사·방송사들이 새로 창설되지 않았더라면, IT와 디지털 플랫폼이 소통의 핵심 방식으로 등장하지 않았더라면, 한류라는 꽃이 지금처럼 만개하기는 어려웠을 것이다.

숫자로 본 한류

한류 팬

《지구촌 한류 현황》은 한국국제교류재단(KF)이 글로벌 한류 현황에 관해 펴내는 연례 자료집이다. 이 자료에 의하면, 2023년 12월 현재 해외 한류 동호회는 총 1740개로서 그중 K-팝 동호회가 약

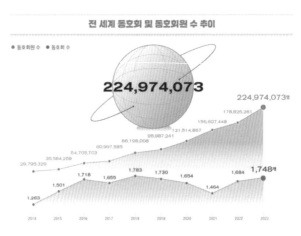

(자료: 글로벌 한류 팬/외교부)

70%를, K-드라마 동호회가 약 10%를 차지한다. 회원 숫자는 약 2억 2500만 명으로서 2012년(926만 명)과 비교하면 약 24배 늘어났으며, 전년도인 2022년에 비해서는 25.8%(4600만 명)가 증가했다. 한류 동호회 회원이 가장 많은 곳은 아시아 지역이고 가장 빠른 증가세를 보인 곳은 미주 지역이다.

한류의 경제적 효과

지난 5년간(2017~2021년) 화장품·음악·TV 프로그램 등 한류 밀접 품목(이하 '한류 품목')의 수출이 급증했다. 이 품목들의 연평균 증가율은 13.7%로 이는 총수출액의 연평균 증가율보다 2.5배 높은 수준이다. 특히 높은 증가율을 보인 품목들은 화장품(16.6%), 음악과 방송 프로그램 등의 문화 콘텐츠(15.7%), 식품(7.8%)이었다. 이 같은 수출에 힘입어 한류의 생산 유발액은 2021년 기준, 총 37조 원에 육박하게 되었는데 그중 30조 5000억 원은 소비재에, 6조 5000억 원은 문화 콘텐츠에 기인한 것으로 분석되었다.

또한, 글로벌 한류 열풍으로 한국의 문화적 영향력이 급상승했다. 미국 U.S 뉴스와 와튼스쿨의 '글로벌 문화적 영향력 랭킹'에 따르면, 한국은 2022년 85개국 중 7위를 기록했다. 이는 2017년 대비 24단계나 상승한 수치다.

한류의 경제적 성과와 글로벌 영향력은 결코 우연이 아니다. 그 토대에는 많은 진통 끝에 만들어진 고유의 생태계가 자리하고 있다. 이제 그 생태계를 형성하는 요소들을 들여다볼 차례다.

뷰티 마케터가 본
한류 생태계

풍부하고 독창적인 콘텐츠

〈패스트 라이브즈〉(2024), 〈성난 사람들〉(2024), 〈여행자의 필요〉(2024), 〈오징어 게임〉(2022), 〈헤어질 결심〉(2022), 〈브로커〉(2022), 〈미나리〉(2021), 〈기생충〉(2020), 〈밤의 해변에서 혼자〉(2017), 〈박쥐〉(2009), 〈밀양〉(2007), 〈올드보이〉(2004), 〈취화선〉(2002), 〈오아시스〉(2002)

세계 3대 영화제를 비롯하여 미국의 유수한 영화·방송에서 수상한 한국 작품들이다(참고로 〈성난 사람들〉은 재미교포 감독의 작품이다).

21세기가 되기 전까지 우리나라 영상 작품은 해외시장에서 주목을 받지 못했다. 〈아기공룡 둘리〉, 〈날아라 슈퍼보드〉 정도가 그나마 해외에 알려진 경우였다. 1997년 아시아 외환위기는 우리에게 심각한 재정위기를 초래했으나 역설적이게도 한국 영상물이 해외로 진출할 수 있는 단초가 되었다. 당시 대만에는 100여 개의 케이블 방송 채널이 있었고 상당수의 프로그램을 일본에서 수입했다. 그러나 환율 상승으로 비용이 상승하면서 그들은 상대적으로 저렴한 비용의 한국 프로그램(일본의 약 10분의 1 수준)에 눈을 돌리게 되었는데, 한국 영상물들이 현지에서 인기를 끌면서, 그 인기가 대만을 넘어 인접한 중국 문화권(홍콩과 중국)으로 번지게 되었다.

그 후 한국 영상물들은 한자 문화권을 넘어 이슬람 세계(튀르키예, 이집트 등)로, 나아가 서구 문화권으로 스며들기 시작했다.

해외에서 인기를 끌었던 작품들은 대체로 한국적 정서나 소재를 중심으로 하거나 현대 사회의 보편적 문제들을 다루는 유형들이었다. 예를 들어 영화 〈기생충〉은 현대 사회의 '부의 양극화 현상'을 배경으로 했고, 〈오징어 게임〉은 사지로 내몰린 서민들의 처절한 생존 게임을 묘사했고, 〈미나리〉는 한인 이민자를 통해 한국적인 끈끈한 가족애를 그렸으며, 〈패스트 라이브즈〉는 '전생'과 '인연', 〈성난 사람들(BEEF)〉은 인간의 원초적인 감정을 영화 속에 담았다.

절망 속에서 찾은 웹툰

2023년 7월, 미국 경제전문지 《포브스》는 한국 드라마의 세계적 인기를 비중 있게 다루면서 한국의 드라마나 영화 상당수가 웹툰을 원작으로 제작되었음을 지적했다. 실제 지난 10년 동안 웹툰을 원작으로 한 드라마는 대폭 증가했다. 〈유미의 세포들〉, 〈스위트 홈〉, 〈김비서가 왜 그럴까〉, 〈이태원 클라쓰〉 등이 그러했으며 지난해에는 〈무빙〉, 〈아일랜드〉, 〈블러드 하운드〉, 〈이번 생도 잘 부탁해〉, 〈경이로운 소문〉, 〈정년이〉 등이 그렇게 탄생했다.

한국콘텐츠진흥원의 〈2023 웹툰사업체 실태조사〉에 따르면 2022년 웹툰 산업의 총매출액은 전년보다 16.8% 증가한 1조 8290억 원을 기록했다. 국내 웹툰 산업의 규모는 2017년 3799억 원이었고 그 후 매년 커지고 있다.

한국의 웹툰시장은 '1997년 외환위기'를 계기로 형성되기 시작했다. 웹툰 이전의 만화 시장은 연간 약 20만 권이 출간되어 그중 70% 정도가 판매되고 나머지는 만화방에서 소비되는 구조였다. 하지만 IMF 외환위기 속에서 만화조차 사치로 여겨져 만화 시장이 존폐의 기로에 놓이게 됐고 이에 일부 만화가들이 자신의 웹사이트에 창작품을 게재하기 시작했다. 새 지평은 그렇게 기존 질서의 붕괴 속에서 탄생했다.

국내 웹툰 시장은 포털 사이트들이 가세하면서 본격적으로 확대되기 시작했다. 2004년 포털 사이트 다음은 '다음 코믹스'를 론칭했는데, 여기에서 〈러브 스토리〉, 〈은밀하게 위대하게〉, 〈미생〉 등과 같은 히트작들이 탄생했다. 다음보다 1년 뒤 시작한 네이버 웹툰은 평균 8560만 명 이상의 월간 활성 이용자수(MAU)를 보유한 세계 최대의 디지털 만화 플랫폼으로 성장했다.

한국의 포털 사이트들은 그 후 일본으로 웹툰 사업을 확장했다. 네이버는 '라인'을 통해 2013년부터 '라인 망가'라는 서비스를 제공하기 시작했고 이것은 2023년 현지 웹툰 시장에서 매출 2위를 달성할 정도로 인기를 끌었다. 한편 카카오는 2016년 '카카오 픽코마'를 선보였는데 이는 2023년 일본 디지털 만화 플랫폼에서 점유율 1위를 차지했다. 만화 종주국 일본에서 한국 웹툰이 이룬 성과는 경이롭다.

팬덤까지 수출하는 다이내믹 K-팝

댄스 음악을 중심으로 하는 K-팝은 극동 아시아 국가들에 첫발을 내디딘 이후 동남아와 중동으로, 그다음에는 서방 세계로 퍼져 나갔다. 현재 K-팝은 소수 매니아들의 특이한 취향이라고 보기 어려울 정도로 큰 흐름이 되었다.

그 점을 관세청의 통계 자료에서 엿볼 수 있다. 음반 수출액은 2020년 1억 3600여만 달러에서, 2021년 2억 2080여만 달러로, 2022년에는 2억 3000여만 달러로, 그리고 2023년에는 2억 4000여만 달러로 계속 늘어났다.

이러한 성장세는, 성공적인 K-팝 가수와 그룹들이 끊임없이 등장했기에 가능했다.

먼저 2000년대 초 보아와 동방신기가 일본에서 크게 인기를 얻음으로써 한국 가수와 한국 대중음악이 일본 청중들에게 뚜렷이 각인될 수 있었다. 2000년대 중반 슈퍼주니어와 빅뱅이 등장했고 이 두 그룹은 일본을 넘어 동남아시아에서도 큰 인기를 얻었다. 2000년대 후반에 데뷔한 걸그룹들(특히 카라, 소녀시대, 2NE1)은 일본 내 한국 대중음악의 인기를 활활 타오르게 했고 동남아시아에서도 크게 인기를 끌었다. 아시아권을 넘어 세계적으로 한국 대중음악을 알리게 된 최초의 사건은 2012년의 〈강남스타일〉이었다. 그다음 해에는 BTS가 데뷔했고 2010년대 중반에는 트와이스와 블랙핑크가 등장했다. 이렇게 K-팝은 식지 않는 심장처럼 끊임없이 화제의 노래와 그룹들을 배출해 왔다

그렇다면 이런 역동성이 가능했던 이유는 무엇일까? K-팝의 몇 가지 특징을 살펴본다.

먼저 중독성 있는 멜로디와 칼군무로 대표되는 다이내믹한 무대 퍼포먼스를 꼽을 수 있겠다. 한국 대중음악은 다양한 장르를 포괄하지만 'K-팝'이라 할 때 대체로 댄스 음악을 연상하게 만든다. 'K-팝=댄스 음악'이라는 등식은, 댄스 음악이 다른 장르보다 관객 주목도가 높고 그래서 행사나 공연, 음원과 음반 판매, 출연료와 광고 수익 측면에서 유리했기 때문에 기획사들이 그런 음악을 주로 내놓았던 데에 기인한다. 한편 K-팝은 디지털 미디어 환경을 바탕으로 확산되어 왔다. 예컨대 유튜브는 세계 곳곳의 유저들이 K-팝 커버 댄스(Cover dance)와 같은 2차 창작물을 만들어 내도록 자극한다. K-팝의 지역적 확장과 강력한 파괴력은 디지털 미디어의 발전과 불가분의 관계에 있다.

둘째, 아이돌의 뛰어난 비주얼과 세련된 스타일 또한 K-팝 확산의 요인이다. 화려하고 세련된 모습으로 노래하고 춤추는 아이돌은 관객들을 매혹한다. 이러한 외적 아름다움은 기획사의 엄격한 관리

에 의해 만들어진 결과물이다.

셋째, K-팝의 아이돌 그룹은 저마다의 세계관을 갖고 있다. 서사(스토리)라고도 하는 세계관은, 아이돌 그룹이 특정한 주제를 설정하고 연속적인 작품을 발표하는 과정에서 특징지어 진다. 스토리텔링 기반의 기획 방식은 해당 아이돌 그룹의 스타일을 선명하게 하고 연속성 있는 이야기를 내놓을 수 있게 한다.

마지막으로, K-팝의 글로벌 성공에는 강력한 팬덤이 있다. 팬덤은 단지 음악을 소비하는 것에서 벗어나, 자신이 좋아하는 아티스트를 적극적으로 지원하고 글로벌 시장에서의 성공을 돕는다. 빌보드 차트(200차트, 핫 100차트)를 비롯하여 세계 유수의 음악 플랫폼 차트 정상에 오르는 등 독보적인 기록을 가진 BTS. 그들의 성공 뒤에는 '아미'라는 강력한 팬덤이 있다. 이들은 조직을 구성하여

BTS가 미국을 포함하여 세계에서 활약할 수 있게끔 지원한다.

'떼창(따라 부르기)'과 '응원봉'은 이들 팬덤의 상징이다. K-팝 콘서트에서 팬들은 떼창과 응원봉으로 공연의 일체감을 높인다. 2022년 BTS의 라스베이거스 공연에서 응원봉은 약 100억 원어치 판매되었다. K-팝은 팬덤 자체를 수출하는 문화 현상으로 자리 잡았다.

진화하는 제작 시스템

K-팝의 제작 시스템은 여러 단계와 방식을 거쳐 발전해 왔다. 아이돌의 탄생 과정은 철저한 연습생 제도로 시작된다. 연습생들은 4~5년에 걸쳐 춤, 노래, 외모 관리 등 다방면에서 체계적인 훈련을 받고, 기획사는 이들의 사생활과 다이어트까지 철저히 관리한다. 이러한 과정은 엘리트 스포츠 교육 시스템과 유사한데, 제조업에서는 상품 기획과 개발에 해당하는 단계로 볼 수 있다.

K-팝의 해외 진출 초기에는 OEM(주문자 상표 부착 생산) 방식이 사용되었다. SM엔터테인먼트는 일본 현지 회사와 협력하여 일본 작곡가의 곡을 사용해 보아의 앨범을 제작했다. 이때는 보아의 한국 출신을 숨긴 채 현지 브랜드로 판매하는 전략을 취했다.

이후 K-팝은 본격적인 현지화 전략을 추진하게 된다. 2000년 11월, 베이비복스의 베이징 단독 콘서트가 매진을 기록하며 중국에서의 K-팝 열풍이 시작되었고, 때마침 중국 시장이 모바일과 스트리밍 중심으로 전환되면서 피지컬 앨범의 구매력이 강해졌다. 이후 슈퍼주니어, 원더걸스, 미쓰에이 등이 중국인 멤버를 영입하여 중화권 현지화 전략을 강화했다. 이는 현지 멤버를 통해 브랜드를 더욱 공고히 하는 전략이라 할 수 있다.

한편, 제작 시스템은 제작 단계에만 그치지 않고 구성된 K-팝 그룹이 장차 특정 국가 내지 특정 팬 계층에게 더욱 가까이 다가갈 수 있도록 '유닛'이라는 전략을 고안해 내게 되었다. 예를 들어 남자 아이돌 엑소는 국가별 유닛 이름으로 그룹이 나뉘어 여러 '모듈'처럼 운용된다.

K-팝의 인기가 높아지면서 해외에서 직접 그룹을 데뷔시키거나 제작 의뢰를 받는 해외 ODM 방식도 등장했다. JYP는 중국 최대 IT 기업 텐센트의 전액 투자를 받아 중국 현지에서 '보이스토리'를 데뷔시키면서, 한국의 기획력과 중국 자본이 결합된 새로운 전략을 선보였다. 마마무 소속사인 RBW는 해외 ODM 방식을 통해 중국을 포함한 4개국에서 15개 팀을 런칭했다.

가성비

한류 드라마는 높은 수익성을 자랑한다. 서구 드라마의 경우, 예컨대 2019년 개봉한 HBO의 〈왕좌의 게임 8〉은 회당 약 231억 원, 넷플릭스의 〈더 크라운〉은 회당 약 169억 원, 〈ER〉은 회당 약 130억 원, 디즈니플러스의 〈완다비전〉은 회당 최대 297억 원의 제작비가 소요되었고 이들의 수익률은 대략 200% 내외로 알려져 있다. 이에 비해 넷플릭스가 제작한 〈오징어 게임〉은 회당 22억 원, 〈킹덤〉은 회당 23억 원, 〈스위트홈〉은 회당 28억 원이 소요되었다.

이들 드라마를 통해 거둬들인 수익은 상상을 뛰어넘는다. 대표적으로 〈오징어 게임〉의 경우, 총 258억 원의 제작비로 1조 3천억 원의 가치를 창출하여 2100% 이상의 수익을 올렸다.

과거 한국 드라마 제작 환경은 밤샘 촬영, 쪽대본, 광고 협찬에 의존한 예산 조달이 일반적이었다. 그러나 이러한 조악한 환경이 드라마 제작의 고효율성을 자극했고 이는 결국 가성비를 갖춘 드라마를 탄생시키는 배경이 되었다. 글로벌 OTT 플랫폼들은 이렇게 가성비를 갖춘 K-드라마(영화)에 상대적으로 적은 투자로 큰 성공을 거두었다.

그러나 K-드라마의 인기가 높아지면서, 가성비라는 장점이 점차 희석되고 있다. 배우들의 출연료 상승이 주요 원인 중 하나로 꼽힌다. 한국콘텐츠진흥원에 따르면, 미국의 콘텐츠 시장 규모는 한국보다 약 14배 크지만, 탑티어(Top tier)급 배우 출연료는 두 시장 간 큰 차이가 나지 않는다고 했다.

사실, 이와 유사한 현상은 제조업 분야에서도 발생했었다. 20여 년 전, 한국의 자동차, 생활 가전, 선박 등은 저렴한 가격을 무기로 세계 시장에서 인기를 끌었다. 그러나 중국 기업들이 가성비를 앞세워 시장에 진입하면서, 한국 조선업은 10년간 침체기를 겪었다. 현재 국내 조선 빅3는 고부가가치 선박 중심으로 전략을 바꾸어 3년치 일감을 모두 채웠고, 현대자동차는 세계 5위 자동차 제조기업으로 성장했다. 삼성전자는 세계 최대 생활 가전 시장인 미국에서 점유율 1위(2023년 기준 21%)를 기록하고 있다.

최근 들어 콘텐츠 제작 분야에서도 새로운 변화가 일어나고 있다. 생성형 AI 기술을 적용해 콘텐츠 제작 시간과 비용을 3분의 1로 줄이거나, 가상현실(VR), 증강현실(AR), 확장현실(XR) 기술을 활용해 현실보다 더 현실 같은 콘텐츠를 만드는 작업이 진행 중이다. 선박, 자동차가 그러했듯, K-콘텐츠도 이제 피벗(전환)하기 시작한 것이다.

디지털 기술과 한류의 케미

한국은 글로벌 OTT들(넷플릭스, 디즈니 플러스, 애플 TV 플러스)의 경쟁 무대일 뿐만 아니라 토종 OTT들(티빙, 웨이브, 쿠팡플레이 등)을 배출한 국가로서, OTT의 각축장이다. 그 이유는 IT(정보기술) 환경에 있다.

한국은 2차대전 이후 후발 국가로서 산업 발전에 큰 노력을 기울여 왔고 그래서 한때 한국인을 상징하는 표현으로 외국인들은 '빨리빨리'를 꼽곤 했었다. 그러나 그 '빨리빨리'는 IT로 대변되는 4차 산업혁명 시기를 맞이해서 만개하게 되었다. 한국은 유비쿼터스 기술, (초)고속 통신 속도, 세계 최고 수준의 램 개발 같은 응용과학 분야에서 고속 성장을 해 왔고, IT 기술과 인프라를 바탕으로 -예컨대 전자 정부로 대변되는- 온라인 멀티미디어 환경을 선도적으로 구축해 왔다. 후발 주자로서의 '속도'에 대한 열정, 한국인의 -진수(陳壽)의《삼국지》가 전해 주듯- '홍 유전자'가 아마도, 4차 산업혁명을 맞아, 그런 결과를 만들어 낸 것이 아닐까 싶다. 이런 맥락에서, 한국의 스마트폰·인터넷 보급률이 어마어마하다는 사실은 매우 의미가 있다. 왜냐하면 '홍' 유전자가 만개할 수 있도록 판을 깔아 준 것이 그러한 IT 인프라였을 것이기에, 둘 중 어느 하나라도 결여되어 있었더라면 현재와 같은 규모의 한류는 존재하지 않았을 것이기 때문이다. 그래서 여기에서는 한국 대중문화의 융성과 물리적 확산을 가능하게 해 준 요소인, 한국인의 IT 열정과 사회적 IT 환경을 한번 짚어 보겠다.

2019년 기준으로 한국의 스마트폰 보급률은 95%, 인터넷 보급률 96%, 5G 보급률 36%(2023년 기준)였는데, 이 수치들은 모두 세계 1위였다. K-팝은 이러한 환경 속에서 빠르게 그리고 널리 확산되었다.

특히 유튜브는 K-팝 글로벌 확산의 중심 매체다. 여기에 트위터나 페이스북 등 소셜 미디어(SNS)들도 가세했다. 이들은 모두 사용자들이 스마트폰을 이용하여 시간과 장소에 구애 받지 않고 접근할 수 있는 매체들이다. 한국은 이런 IT 환경이 세계적으로 잘 갖추어진 상태이기에 온라인 콘텐츠 소비에 있어 이보다 더 최적화된 토양 환경은 찾기 어렵다.

한류와 K-뷰티

한류는 문화 콘텐츠의 글로벌 확산을 넘어서, 한국의 패션, 라이프스타일, 그리고 K-뷰티의 세계적인 부상을 견인하는 핵심 동력이 되고 있다. K-뷰티는 그 자체로도 독자적인 매력과 정체성을 지니고 있지만, 한류의 전방위적인 영향력과 결합되면서, 한국의 미(美)를 세계에 새롭게 각인시키고 있다.

K-뷰티의 글로벌 확산은 한류의 영향력, 한국 여성들의 피부에 대한 관심과 선망, 풍부한 브랜드 스토리, 그리고 인디 브랜드들의 활약이 어우러진 결과다.

K-뷰티의 글로벌 성공을 이끌어 온 요인들을 자세히 살펴본다.

변형의 미학, 초격미(超格美)

시(詩) 〈승무〉로 잘 알려진 시인 조지훈은 우리나라 문화의 멋을 '초격미'로 표현하면서, '멋'이란 평범하고 정상적인 상태에서 벗어나 격식을 변형하여 정상 이상의 맛을 내는 것, 즉 격에 들어가서 격에서 나오는 격이라고 풀이했다. **틀을 깨는 것이 아니라 자유롭게 한다는 의미에서 한국의 미는 '파격'이 아니라 '초격'이라는 것이다.**

한편 서울대학교 철학과 김상환 교수 같은 경우는 이렇게 설명한다. "일반적으로 깨끗하고 밝고 잘빠진 모양새를 갖춘 것이 고움과 예쁨의 특성이라면 멋지다는 것은 아름답되 파격적인 데가 있다는 것을 말한다. 형식적인 완성이 고움의 조건이라면 데포르마시옹이 멋의 조건이다." **한국의 멋은 변형미(變形美)로 대변된다는 말이다.**

이 개념은 K-팝에서 두드러지게 나타난다. K-팝은 소리, 시각, 감정을 음악과 함께 융합한 화려한 콜라주다. K-팝은 장르 간의 경계를 유연하게 넘나들면서, 서로 상반되는 요소들을 하나로 결합해 새로운 스타일을 창조한다. 예를 들어, 중독성 있는 리듬과 화려한 댄스 퍼포먼스는 K-팝 아이돌 그룹의 무대를 예술적 경지로 끌어올리고, 그들의 스타일링과 메이크업은 비주얼의 정수를 극대화해 글로벌 팬들에게 강렬한 인상을 남긴다. 힙합, 팝, 록, 전통음악 등 다양한 요소들을 마치 하나의 고도로 계산된 퍼즐처럼 맞추어 낸다.

K-드라마(영화) 전반에서도 '초격미'는 뚜렷하다. 한국 드라마와 영화는 감정의 극적인 표현과 섬세한 스토리텔링을 통해 현실을 재해석하고 변형한다. 전통적인 서사 구조를 비틀어 예측할 수 없는 전개와 캐릭터의 복잡한 심리 묘사를 통해 관객에게 새로운 미적 경험을 제공한다. 이는 이야기의 아름다움만이 아니라, 스토리 속 감정과 상황을 변형하여 더 깊은 공감을 이끌어 내는 '초격미'의 표현이다.

또한 K-뷰티에도 '초격미'의 감성이 담겨 있다. **K-뷰티는 그 자체로 변형의 예술이다.** 한국의 스킨케어 제품들은 전통적 자연 성분과 현대의 혁신적 포뮬러를 결합하여 기존의 뷰티 기준을 초월한 새로운 차원의 미를 선사한다. 이는 피부를 가꾸는 것 이외에 전반적인 건강과 미를 추구하며, 사용자에게 새로운 아름다움을 경험하게 한다. 또한, 메이크업 제품들은 다양한 색상과 텍스처로 다채로운 룩을 연출할 수 있을 뿐만 아니라, 스킨케어 기능을 겸비한 멀티 기능성 제품들로 구성되어 있다. 이는 외적인 아름다움과 함께 피부의 건강과 균형까지 고려한 것이다.

한류와 K-뷰티에 담긴 '초격미'의 공통점은 전통을 혁신적으로 변형해 새로운 미적 경험을 창조하는 데 있다. K-팝과 K-드라마(영화)는 전통적인 형식을 바탕으로 하되, 이를 해체하고 재구성하여 더욱 심오하고 복합적인 미적 감동을 선사한다. 마찬가지로 K-뷰티는 전통적인 미적 기준을 발전시켜, 피부와 메이크업을 통해 새로운 이미지를 창조하는 과정을 강조한다. 이 변형의 과정은 원석이 보석으로 다듬어지는 것처럼, 원래의 모습에 새로운 빛을 입히는 것이다.

결국, 한류와 K-뷰티는 서로를 비추는 거울과 같다. 두 문화는 전통의 유려한 결에 현대적 감각을 더해 섬세하면서도 독창적인 아름다움을 창조하며, 세계 무대에서 한국적 미의 기준을 세우고 있다.

K-뷰티의 힙한 메신저, K-아티스트

우리는 타인에 대해, 의식하건 의식하지 않건, 어떤 이미지를 갖게 된다. 특히나 첫인상 같은 경우는 불과 7초 내에 결정된다고 한다. 그렇다면 사람들이 K-팝 가수들의 공연이나 뮤직비디오 또는 K-드라마를 접하게 될 경우, 7초 만에 그 가수나 배우에 대한 이미지를 갖게 될 것이라는 추론이 가능하다. 사람들이 K-팝 가수나 K-드라마(영화) 배우에 대해 갖게 되는 이미지는 -가수나 배우가 미적으로 높은 완성도를 갖춘 상태에서 공연하거나 연기하기 때문에- 거의 대부분 '멋지다'일 수밖에 없다. 그렇게 매혹된 사람들은 해당 가수나 배우에게서 크게 영향을 받게 될 수밖에 없는데, 현재 K-팝 가수들과 배우들은 세계 곳곳의 사람들을 열광시키고 있으므로 그들은 그들의 팬들에게 '따라 하고 싶은 존재'가 되었다. 그리고 팬들이 하나둘씩 늘어나다 보니 '매혹된 사람'의 규모가 커지게 되었고 일정 규모를 넘자 이제 '매혹된 사람들'이라는 동심원은 주변의 사람들마저 끌어당기게 되어 K-팝 아티스트들에 대한 열광은 더욱더 커져 가고 있다. 그런 사람들에게 K-팝 가수들과 배우들이 미적 롤모델로 작용하는 것은 지극히 이해할 만한 현상이다.

실제로 더욱더 많은 한류 스타들이 글로벌 화장품 모델로 기용되고 있다. 화장품은 여성들의 감성을 자극하는 산업인 만큼, 그 광고 모델은 여성들에게 관심과 선망을 불러일으키며 동시에 미(美)적 기준이 되곤 한다. 뷰티 측면에서 한류 스타들의 영향력은 해당 브랜드를 넘어 심지어 K-뷰티 산업 전반으로까지 확산하고 있다.

또한 한류 스타들이 루이뷔통, 샤넬 등 글로벌 고급 브랜드의 모델로 활동하게 되면서 K-뷰티의 세계적 성장은 더욱 탄력을 받았다. 한류 스타들이 이들 브랜드들과 협업하면서 얻은 국제적인 인지도와 고급스러운 이미지는 K-뷰티 전체에 긍정적인 영향을 미친다. 이 협업은 K-뷰티 제품들이 대중성을 넘어 고급스럽고 세련된 이미지로 자리 잡는 데 기여한다.

현재 한류는 어느 한 분야에서만이 아니라 '문화'의 여러 부문으로 번져 동시다발적으로 일어나고 있다 해도 크게 틀리지는 않을 것이다. 그중 **특히 K-팝과 K-드라마가 K-뷰티의 확산에 큰 영향을 주고 있는 한편, K-뷰티는 가수와 배우의 외모를 돋보이게 해 줌으로써 거꾸로 K-팝과 K-드라마로 더 많은 글로벌 팬들을 끌어당기고 있다.** 이렇게 음악·드라마(영화)·뷰티의 역동적인 상호작용이 K-뷰티의 글로벌 확산을 촉진하고 있다. 이런 관계는 '승수 효과'라고 할 수 있다.

K-뷰티=1/(1-H). 여기서 H는 투입되는 한류의 총량이다. 총량이 늘어나면 결과치는 증가한다.

K-뷰티에 대한 세계의 관심이 높아지면서, 이제 한국 여성들의 피부까지 선망의 대상이 되고 있다.

선망받는 한국 여성 피부

　최근 몇 년 사이 해외 뷰티 매거진들은 한국 여성의 피부와 피부 관리에 관해 관심을 보이고 있다. 몇 가지 대표적인 사례를 들자면, 세계 최대 패션 잡지인 《엘르》는 〈현재 세계가 한국에 빠져 있다〉는 제목의 기사에서 서울이 뷰티 산업의 글로벌 허브가 되었고, 한국 여성들의 부드럽고 빛나는 피부가 세계 여성들의 동경의 대상이 되고 있다고 전했다. 이탈리아 3대 일간지 중 하나인 《라 레푸블리카》역시 일본, 중국 등 아시아 국가 여성들이 한국 여성이 세계에서 가장 아름답다고 생각해 모방하려 한다고 보도했다. 일본의 뷰티 매거진 《마키아》와 《마리솔》 또한 한국의 화장품과 미용법이 일본 여성들 사이에서 큰 인기를 끌고 있고 이들의 한국 여성들 피부에 대한 찬사를 잇따라 내보냈다.

　한국 여성들의 피부가 선망의 대상이 된 이유 중 하나는 K-뷰티의 확산과 더불어, 피부에 대한 철저한 관리 덕분이다. 한국 여성들은 일반적으로 이중 세안, 피부결 정돈, 보습, 미백, 탄력 강화 등 7~10단계에 이르는 스킨케어 루틴을 따른다. 이러한 관리 루틴은 노화 예방과 피부 건강에 도움을 준다. 이러한 사실이 한류 스타들의 깨끗한 피부와 연결되어 SNS와 인플루언서를 통해 알려지면서,

한국 여성들의 피부가 새롭게 조명받고 있다.

일반적으로 한국인들은 대화할 때 표정뿐 아니라 안색까지 살핀다. 표정은 인위적으로 만들 수 있지만, 안색은 숨길 수 없다. 서양에서는 주로 표정을 보지만, 한국에서는 숨겨진 안색까지 꼼꼼히 살핀다. 일례로, "오늘 신수가 훤하네요"라는 표현에는 피부뿐만 아니라 낯빛, 안색까지 살핀다는 뜻이 담겨 있다. '안색이 어둡다'와 '피부가 검다'는 것은 다르다.

한국 여성들은 외출 전에 화장을 마무리한 뒤, 거울을 보며 최종적으로 안색을 점검하는 습관이 있다. 이러한 안색 관리 습관은 아직 외국에 널리 알려지지 않았지만, K-뷰티의 글로벌 확산과 함께 한국 여성들의 피부에 대한 국제적인 관심이 점차 높아지고 있다.

감각의 에센스를 녹여 낸 K-뷰티 브랜드 이야기

매력적인 이야기를 가진 브랜드는 소비자에게 더 오래 기억되며, 감정적으로 깊이 연결될 수 있다는 점에서 중요성이 크다. K-뷰티 브랜드들은 고품질의 제품과 각기 다른 스토리와 메시지를 통해 소비자와의 감성적 연결을 시도하고 있다. 이러한 스토리텔링은 브랜드의 정체성을 형성하는 핵심 요소로, 제품의 가치를 더욱 풍부하게 만들어 준다. 다음에서는 스토리 유형과 해당 브랜드들을 살펴본다.

첫 번째는 전통과 현대를 융합한 형태다. 5천 년 역사, 삼국시대부터 조선시대까지의 시대별 특수성, 기원전 7세기까지 거슬러 올라가는 고유의 미용법 등을 K-뷰티 스토리를 위한 기반으로 삼고 여기에 최신 기술과 현대적 감각·감성을 융합하는 방식이다. 이렇게 창조된 브랜드 스토리는 K-뷰티의 또 다른 성장 동력이다. **어제를 담아 오늘의 아름다움을 전하는 힙(Hip)함이 K-뷰티 브랜드 스토리의 강력한 힘이라 할 수 있다.**

스토리텔링에 사용된 한국 전통적 요소로는 먼저 인삼을 들 수 있다. 몇 가지 예를 들면, 비건 한방 브랜드 '네클리어'는 고려 인삼의 700년 역사와 식물성 원료 베이스인 비건(Vegan)을 하나로 묶어 냈다. 인삼의 전통성과 비건 트렌드를 조화롭게 융합해 국내외에서 유니크한 위치를 차지한다. '동인비'는 120년 역사의 KGC인삼공사가 쌓아 온 홍삼에 대한 깊은 노하우와 장인 정신을 담아낸 홍삼 화장품이다. 한국의 건강 지혜를 바탕으로 현대의 사포닌 효능기술을 결합해 소비자들에게 신뢰를 얻고 있다. 이 밖에도 '궁중비책'은 조선 왕실에서 사용되었던 전통적인 피부 관리 비법을 현대적으로 재해석하여 브랜드 스토리에 담아냄으로써, 전통과 현대가 조화를 이루는 브랜드로 자리 잡았다.

(자료: 좌 네클리어, 우 동인비. 각 사 홈페이지)

두 번째는 한국적 자연주의를 브랜드 이야기에 담은 유형이다. 우리나라는 풍부한 해양 환경(3면의 바다와 그에 부속하는 3400여 개의 도서)뿐만 아니라 넓은 산악 지대(국토의 약 65%)를 갖고 있으며, 사계절이 뚜렷한 온대성 기후에 속해 있다. 그런 이유로 자연 식생이 다양하고 생물 다양성이 풍부하다 보니 자연 속 요소들이 브랜드 이야기 소재로 활용된다.

클리오의 스킨케어 브랜드 '구달'은 이러한 사례 중 하나다. 구달은 '좋은 자연을 그대로 담그다'라는 뜻의 'good+ all'의 합성어로, 한국 자연에서 찾은 건강한 원료를 한국의 담금 기법으로 가공해서 자연이 지닌 효능을 극대화한다는 취지를 갖고 있다. '발효녹두'는 녹두를 이야기 속에 담았다. 녹두는 100가지 독을 치유한다 해서 천연 해독제라고 불려 왔는데 임상 실험에서 체내 독성물질 배출과 신진대사 촉진 효과를 증명했다.

(자료: 좌 구달, 우 발효녹두. 각 사 홈페이지)

이 밖에 제주의 청정자연을 담은 브랜드(이니스프리, 제주온), 한국의 지역 특산물을 소재로 한 브랜드(라운드랩, 보령머드 등)가 있다.

세 번째는 과학적인 신뢰성과 예술적인 감성을 결합한 유형이다.

이들 브랜드들은 과학적 연구와 성분에 기반한 제품 효능과 예술적 요소를 결합하여 제품의 가치를 시각적, 감성적으로 강조하고 있다. 라운드랩은 과학적 테스트를 거친 민감성 피부용 제품에 심플한 자연미의 감성을 담아내어 소비자들에게 호응을 얻고 있다. 웰라쥬는 클리니컬 수준의 성분을 캡슐 디자인에 적용하여 차별화된 제품과 세련된 비주얼로 주목받고 있다.

(자료: 좌 라운드랩, 우 웰라쥬. 각 사 홈페이지)

마지막으로는 글로벌 트렌드를 포착해서 그것의 핵심 소재를 브랜드 스토리에 담는 유형이다. 이 유형은 중소 규모의 인디 브랜드가 많이 택하고 있는 전략이다. 인디 브랜드들은 경쟁이 치열한 내수시장보다 해외에서 성장 가능성을 찾는데, 해외에서 인지도가 없다 보니 한국색이 강한 소재로 현지 소비자와 소통하는 데에 많은 비효율을 겪는다. 이러한 이유 때문에 그들은 글로벌 트렌드를 차용하여 브랜드 서사를 만든다. 큰 고래가 만드는 파도에 올라타는 것이다.

몇 가지 예를 들자면, 동물 실험을 반대하고 식물성 원료만 사용하는 비건 브랜드(멜릭서, 디어달리아, 윈쎙, 어뮤즈), 양성 평등 입장에서 남녀 구분 없이 사용 가능한 제품을 내놓는 젠더리스 브랜드(라카, 콰티), 건강에 대한 관심에 착안하여 의약품을 가미한 더마 화장품을 내놓는 브랜드(더마펌, 제로이드, 셀퓨전씨, 닥터지, 브이티), 현대인의 라이프스타일을 반영한 제품을 내놓는 브랜드(티르티르, 에이프릴스킨, 아이소브) 등이 있다.

디자인 역시 K-뷰티 브랜드의 성공에 중요한 요소로 작용한다. 한국의 화장품 브랜드들은 제품의 기능을 직관적으로 전달함과 동시에 시각적인 즐거움을 제공하는 디자인에 중점을 둔다. 예를 들어, 스테인리스 플랫판을 덧댄 쿠션이나 회전형 다이얼식 용기 같은 디자인은 K-뷰티 제품의 독창성을 잘 보여 준다. 이러한 디자인은 브랜드의 개성과 가치를 시각적으로 전달하는 중요한 수단이 된다.

그리고 한국의 화장품 디자인은 자연을 모티브로 한 색채와 소재를 활용하여 건강하고 자연스러운 이미지를 강조한다. 그린과 초록계열의 색상은 자연과 건강을 상징하고, 부드러운 곡선형 용기와 한글 · 한자체를 활용한 디자인은 브랜드의 독창성을 부각한다.

이상 살펴본 것과 같이, K-뷰티 브랜드들에는 다양하고 의미 있는 여러 가지 이야기가 담겨 있다. 여기에 세련된 디자인을 통해 자신만의 정체성을 구축하며 글로벌 시장에서 점차 외연을 확장해 가고 있다.

그러나 K-뷰티가 상업적 성공을 넘어, 하나의 '문화'로 자리 잡기 위해서는 더 독창적이고 풍부한 브랜드 서사와 이미지가 필요하다. 아직까지 많은 브랜드들이 개별적인 정체성보다 한류라는 문화 콘텐츠의 일부로 존재하는 경우가 많다.

브랜드 스토리와 이미지에는 제품의 우수성은 물론, 그 브랜드가 추구하는 가치와 철학, 그리고 소비자에게 전달하고자 하는 메시지가 담겨 있어야 한다. 이를 통해 **소비자들이 욕망과 상상을 불러일으키고, 그들이 브랜드가 지향하는 문화를 경험하고 그 일부가 될 수 있도록 해야 한다. 이러한 자격을 갖춘 브랜드들이 모일 때 비로소, 한류를 뛰어넘어 'K-뷰티 문화'가 형성될 수 있다.** 한국 브랜드들이 이를 깊이 고민하고 발전시켜 나가기를 기대한다.

한류와 언더독의 황금빛 코디네이션, 수출

한국의 화장품 수출은 1964년 태평양화학이 자체 브랜드 '오스카' 20여 개 품목을 해외 시장에 내놓으면서 시작되었다. 1960년대부터 1990년대까지 K-뷰티의 해외 진출은 꾸준히 증가했지만, 그 규모는 제한적이었다. 1999년에 화장품 수출액은 5000만 달러에 불과했고, 주로 미국, 중국, 홍콩, 베트남, 일본으로 수출이 이루어졌다.

연대별 화장품 수출입 실적

(단위: 백만 달러)

연도	수출액	수입액	무역수지
1991	16	19	-3
2000	117	363	-246
2010	814	1101	-287
2020	7615	1530	6085

(자료: 관세청 화장품 수출입 실적)

2000년대에 들어서면서 K-뷰티 수출은 급격한 성장을 이루었다. 2000년에 화장품 수출액이 처음으로 1억 달러를 넘어서며, 전년 대비 두 배 성장을 기록했다. 중국의 WTO 가입으로 시장이 개방되면서 중국 시장에 대한 진출이 본격화되었고, 중남미 지역으로도 수출이 시작되었다.

　1999년 대(對)중국 화장품 수출은 1200만 달러에 불과했으나, 2009년에는 1억 1000만 달러로 증가했고, 2021년에는 43억 달러로 무려 40배 이상의 성장을 이루며, 전체 화장품 수출액의 53%를 차지했다. 이 시기에 대형 브랜드(설화수, 후 등)와 더불어 언더그라운드 제품들이 인기를 끌었는데, 특히 마유 크림, 달팽이 크림, 제비집 마스크, 28일 앰플 등의 애칭을 가진 제품들이 중국 시장에서 큰 성공을 거두었다.

　2021년을 정점으로 중국 수출액은 감소하는 추세지만 한류와 더불어 아시아·미주·유럽 등 전체 대륙권으로 수출 다변화 흐름이 명확해지고 있다. 2023년 한국 기업의 미국 화장품 수출액은 12억 1000만 달러(1329억 원)로 전년과 비교해 44.7% 급증했고, 일본(12.9% 증가), 베트남(28.6% 증가) 등에서도 역대 최대 실적을 기록했다.

화장품 종주국을 뛰어넘다, 인디 브랜드

미국 연방 국제무역위원회(ITC) 통계에 따르면, 2023년 7월 미국의 화장품 수입국 중 1위는 한국이다(점유율 20.1%). 한국은 2022년 5월과 2023년 4월에도 1위에 오른 바 있지만 점유율이 20%를 넘긴 것은 이때가 처음이었다. 미국에서 좋은 성과를 보인 분야는 주로 스킨케어 쪽이다. 미국의 스킨케어 시장은 메이크업 분야보다 경쟁이 덜 치열한 편인 데다, K-팝이 유행하면서 한국 제품에 대해 관심과 선택이 늘어났기 때문이다. 또한 미국 Z세대 중심으로 확산되고 있는 가치 소비 트렌드도 K-뷰티의 현지 안착을 도왔다.

일본에서도 한국산 제품이 1위를 차지했다. 2023년 일본이 가장 많이 수입한 한국산 화장품은 색조 관련 제품인데 특히 베이스 메이크업 제품들이 강세다. 일본의 베이스 메이크업 제품 수입액(총 360억 8000만 엔) 중 한국이 차지하는 비중은 60% 이상(216억 9000만 엔)이다. 한국의 스킨케어 제품은 일본 전체 수입액의 27%(297억 2000만 엔)를 차지했다. 일본 《요미우리 신문》은 한국산 화장품의 인기 요인으로 한류와 함께 가성비, 소규모 발주에도 응하는 한국 업체의 대응 등을 꼽았다.

이 같은 해외 성과는 중소기업이 이끌었다. 중소벤처기업부가 발표한 '2023년 중소기업 수출 동향'에 따르면, 대기업과 중견기업의 수출액이 각각 12.7%, 6.2% 줄어든 것에 반해 중소기업 수출액은 0.9% 감소에 그쳤다. 이런 성과는, 중소기업 수출액 중 화장품이 1위를 차지했고 전년 동기 대비 24.7% 증가했다는 점에서, K-뷰티가 견인한 것이라고 판단된다. 이렇듯, 다른 산업 분야에서와는 달리 K-뷰티 업종에서는 중소기업의 존재감이 크다.

주로 중소기업이 만든 인디 브랜드들은 유튜브, 틱톡, 인스타그램 등의 SNS를 통해 한국의 자연 성분과 고품질, 가성비를 앞세워 해외 소비자들에게 직접 접근하며 글로벌 시장에서 비약적인 성장을 이루어 냈다. 인디 브랜드의 이러한 성과는 생존을 위한 고육지책의 결과이기도 하다. 국내 화장품 시장은 유통에 의존하는 경향이 강해 신규 인디 브랜드의 생존과 성장이 쉽지 않다. 이에 디지털 환경에 익숙한 젊은 세대가 만든 인디 브랜드들은 처음부터 해외 온라인 시장을 겨냥했다. 여기에 세계적 고물가 추세 속에서 가성비 화장품을 찾는 국내외 수요가 늘어난 것도 영향을 미쳤다.

K-뷰티의 수출 성장은 한국 화장품 산업의 특성과도 맞물려 있다. 한국은 OEM(주문자 상표 부착 생산)과 ODM(제조자 개발 생산) 회사들의 강력한 지원을 받고 있다. 중소기업들은 독창적인 브랜드와 제품 아이디어를 개발하는 데 집중하고, ODM사들은 빠르

게 트렌드를 반영하고 우수한 품질의 제품을 생산한다. 이러한 역할 분담은 고정비 절감과 경영 효율화를 높인다. 바로 이것이 해외 브랜드에 비해 K-뷰티 제품들이 가성비가 뛰어난 주된 이유다.

결론적으로, 한류와 중소기업 인디 브랜드의 황금빛 코디네이션은 K-뷰티의 글로벌 성장을 이끌어 가는 핵심 요소임이 분명해 보인다.

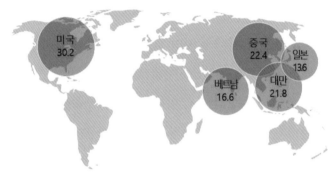

화장품 수출 현황
(자료: 2024년 1~9월 수출 현황, 관세청)

   K-뷰티의 다섯 가지 힘을 탐구하는 여정은 단지 화장품 산업의 성공 비결을 밝히는 것 이상으로, 한국 사회와 문화, 그리고 사람들의 삶 깊숙이 스며든 요소들을 재발견하는 과정이었다. 이 다섯 가지 힘은 -아줌마의 헌신, 생존을 위한 자기관리, 자연이 주는 자원과 영감, 섬세하면서도 빠른 손재주, 그리고 세계를 사로잡은 한류- 각각 독립적인 요소이면서도 긴밀하게 연결되어 K-뷰티를 세계적인 현상으로 만든 강력한 원동력이 되었다.

   이 여정을 통해 K-뷰티가 오로지 뛰어난 제품력과 혁신적인 마케팅 전략에 의존하는 것이 아니라, 한국인의 삶과 가치관, 문화적 배경에서 비롯된 깊은 뿌리를 가지고 있음을 알게 되었다. 아줌마들의 헌신과 끈기는 K-뷰티의 토대를 다졌고, 치열한 경쟁 사회 속에서 살아남기 위한 한국인들의 자기관리 의식은 화장품의 대중화를 촉진했다. 또한, 사계절이 뚜렷한 기후와 풍부한 자연이 제공하는 천연 성분은 K-뷰티 제품의 핵심이 되었고, 전통과 현대를 넘나드는 한국인의 손재주는 독창적이고 혁신적인 제품들을 만들어 냈다. 여기에 한류라는 문화적 흐름이 더해지며, K-뷰티는 세계 소비자들에게 강렬한 인상을 남기고 있다.

이 모든 요소들이 함께 어우러져 K-뷰티는 제품을 뛰어넘어, 한국의 미와 라이프스타일을 세계에 알리는 하나의 문화적 아이콘으로 자리 잡아 가고 있다. 앞으로도 K-뷰티는 이 다섯 가지 힘을 바탕으로 지속적으로 발전해 나갈 것이다. 그리고 그 과정에서 한국의 문화적 유산과 혁신이 어떻게 세계와 소통할 수 있는지를 보여 줄 것이다.

K-뷰티의 이야기는 여기서 끝이 아니다. 앞으로도 K-뷰티는 새로운 도전과 끊임없는 진화를 통해 더 넓은 세계로 나아갈 것이다. 이 책이 K-뷰티의 매력을 이해하고, 그 숨겨진 힘을 발견하는 데 작은 길잡이가 되었기를 바란다.

| 참고문헌 |

1장 줌마 파워

1. 이소정, 《표류사회: 한국의 여성 인식사》, 아이필드, 2021

2. 최용범, 《하룻밤에 읽는 한국사》, 페이퍼로드, 2019

3. 〈남녀 호칭 조사〉, 《아줌마, 아저씨는 어쩌다 멸칭이 되었나》, 《조선일보》, 2023. 12. 11

4. 정창권, 《조선의 살림하는 남자들》, 돌베개, 2021

5. 류링, 이은미 옮김, 《중국 여성》, 시그마북스, 2008

6. 〈광장무 추는 따마〉, 《아주경제》, 2015. 2. 1

7. 츠위화, 김현정 옮김, 《일본 여성》, 시그마북스, 2008

8. 박미아, 〈한일 아줌마 대전〉, 《월간조선》, 2000. 4

9. 화장품 역사, 한국민족문화대백과사전

10. 〈화장품 방문판매원 임순옥씨가 살아온 이야기〉, 울진뉴스, 2017

11. 한미자, 《나는 다시 태어나도 화장품이다》, 알에치코리아, 2015

12. 〈모성애〉, 《중앙선데이》, 2019. 1. 3

13. 엘리자베트 바댕테르, 심성은 옮김, 《만들어진 모성》, 동녘, 2009

14. 개드 사드, 《소비 본능》, 데이원, 2024

15. 파코 언더힐, 《쇼핑의 과학》, 세종서적, 2021

16. 〈자본주의 제2부 소비는 감정이다〉, EBS다큐프라임

17. 심은혜, 〈여성과 산업, 가정경제〉, 《우먼타임즈》, 2022

18. 김태완, 〈끝나지 않는 이어령의 한국인 이야기〉, 《월간조선》, 2021. 10

19. 조남주, 《82년생 김지영》, 민음사, 2016

20. 홍대순, 《한국인 에너지》, 쌤앤파커스, 2021

21. 인문 지행, 〈흥(興)의 한국문화〉, 네이버블로그, 2019

22. 문은희, 《한국여성의 심리구조》, 도서출판니, 2011

23. 로잘란 드마이스, 신성림 옮김, 《세계 여성의 역사》, 파피에, 2020

2장 생존

1. 〈AI, 전기처럼 어디서나…〉, 《동아일보》, 2024. 5

2. 김상봉, 《근대 미학의 이해》, 아트앤스터디, 2015

3. 나오미 울프, 윤길순 옮김, 《무엇이 아름다움을 강요하는가》, 김영사, 2016

4. 김주현, 《외모꾸미기 미학과 페미니즘》, 책세상, 2009

5. 〈외모 지상주의 루키즘〉, 《시사경제》, 2024. 1. 3

6. 〈시대별 미인 기준〉, 《조선일보》, 2019. 5. 1

7. 박혜림, 〈신외모 지상주의〉, 《인천일보》, 2023. 9. 17

8. 〈우리나라 성형시장 규모〉, 반론보도닷컴, 2023. 7. 18

9. 〈얼짱문화〉, 《시사매거진》, 2018. 6. 2

10. 〈외모 강박증〉, 헬스조선, 2022. 8. 4

11. 〈소개팅 앱〉, 《조선일보》, 2022. 5

12. 볼프강 M. 슈미트, 강희진 옮김, 《인플루언서: 디지털시대의 인간 광고판》, 미래의창, 2022

13. 〈학교에서의 외모지상주의 조사〉, 《세계일보》, 2019. 3. 23

14. 〈외모지상주의와 한국의 화장품〉, 연합뉴스, 2017. 12. 15

15. 대한화장품협회,《화장품산업 60년사》, 2010

16. 마크 턴게이트, 이상훈·이환희 옮김,《뷰티, 브랜드가 되다》, 커뮤니케이션
    북스, 2017

17. 정지현,《화장품 ODM 기업인 코스맥스의 성장전략 사례연구》, 한국경영교
    육학회, 2016

18. 김희은,《화장품 OEM/ODM 산업에서의 한국콜마 성장사례》, 한국경영교육
    학회, 2023

19. 〈화장품 특허건수〉, 특허뉴스, 2024. 4. 23

20. 박종대,《K-뷰티 어디서 왔고 어디로 가고 있는가?》, 경향비피, 2022

21. 〈올리브영, 외국인 코스…〉,《중소기업신문》, 2024. 7

3장　자연

1. 국토지리정보원 홈페이지, 〈한국의 지형〉

2. 기상청 홈페이지, 〈한국의 기후〉

3. 전현실,《전현실의 한국지리》, 들녘, 2015

4. 김종욱 외 4명,《한국의 자연지리》, 서울대학교출판부, 2008

5. 엘리아,《한국 온돌문화와 난방의 현대화》, 포근한집, 2024

6. 한식진흥원,《한국의 제철음식》, 2021

7. 주영하,《글로벌푸드 한국사》, 휴머니스트, 2023

8. 국가유산청 홈페이지, 〈전통화장사상〉

9. 전완길,《한국화장문화사(韓國化粧文化史)》, 열화당, 1987

10. 코리아나화장박물관,《한국의 화장문화》, 2018

11. 리타 슈티엔스, 신경완 옮김,《깐깐한 화장품 사용설명서》, 전나무숲, 2018

12. 코리아사이언스,《발효의 발견》, 2018

13. 〈전통미용법〉, 뷰티누리, 2004. 11

14. 〈동결건조〉, 얼루어, 2023.11

15. 〈비건〉, 더케이뷰티사이언스, 2023.1

16. 〈눈썹vs문신〉, 《뉴제주일보》, 2023.7.13

17. 베닐라 칼리, 《퍼스널케어 과학 연구》, 인코스메틱, 2020

18. 〈기후변화와 피부트러블〉, 뷰티누리, 2024.1

19. 한국문호홍보서비스, 《K푸드 성공사례, 하버드 경영대학원 강의》, 2024

20. 구희연·이은주, 《대한민국 화장품의 비밀》, 거름, 2009

4장 손재주

1. 이기환, 〈다뉴세문경 0.3㎜)…〉, 《경향신문》, 2020.8.12

2. 홍대순, 〈젓가락 문화〉, 《월간 CEO》, 2022.10.30

3. 에드워드 왕, 김병순 옮김, 《젓가락》, 따비, 2017

4. 이어령, 〈한국인 이야기(반도인)〉, 《중앙일보》, 2013.1.3

5. 차성수, 〈융합, 잡종의 반도기질〉, 《경향신문》, 2005.5.29

6. 임정덕, 《K속도》, 흔들의자, 2022

7. 예림당 네이버 포스트, 〈비빔밥은 언제 생겨났을까〉, 2018

8. 우수근, 〈대륙과 반도, 열도의 기질〉, 에듀인사이드, 2020.2.25

9. 이어령, 《너 누구니》, 파람북, 2022

10. 〈머리카락 파세요〉, 뷰티타임즈, 2021.4.9

11. 신승민, 〈이색지대 가발의 세계〉, 《월간조선》, 2019.9

12. 〈코리안 타투〉, 연합뉴스, 2021.2

13. 이형규, 〈쉴 틈 없는 네일아트…〉, 메디포스트, 2023

14. 〈네일시장 전망〉, Fortune business insight, 2024

15. 한국네일협회, 《한국 네일의 역사》, 2023.4

16. 〈네일아트 세계〉, 《주간조선》, 2023.2

17. 〈키스그룹〉, 《한국경제》, 2024. 7. 2
18. 조현설, 《문신의 역사》, 살림, 2003
19. 〈아프리카 가발왕의 소망〉, 《한국일보》, 2024. 1. 24
20. 주영하, 《비빔밥의 진화와 담론 연구》, 한국컨텐츠학회, 2015

5장 한류

1. 김윤지, 《한류외전》, 어크로스, 2023
2. 심두보, 《한류가 뭐길래》, 어나더북스, 2021
3. 강준만, 《한류의 역사》, 인문과사상사, 2020
4. 한국국제문화교류진흥원, 〈한류 생태계와 지속가능성〉, 2024
5. 한국국제문화교류진흥원, 〈한류와 문화 다양성〉, 2024
6. 이시키와 이로치카, 양지윤 옮김, 《외모대여점》, 마시멜로, 2022
7. 오스카 와일드, 임슬애 옮김, 《도리언 그레이의 초상》, 민음사, 2022
8. 김태완, 〈끝나지 않은 이어령의 한국인 이야기〉, 《월간조선》, 2021. 10
9. 한국국제문화교류진흥원, 〈K-팝 로드〉, 2024
10. 〈보스턴미술관서 한류특별전〉, 《문화일보》, 2023. 2
11. 식품의약품안전처, 〈2024년 3분기 화장품 수출 동향〉, 2024
12. 〈화장품 인디브랜드 수출…〉, 중소기업투데이, 2024. 9. 23
13. 네클리어, 동인비, 궁중비책, 구달, 발효녹두, 라운드랩, 웰라쥬 각 사 홈페이지
14. 〈화장품 종주국을 뛰어넘다〉, 《한국일보》, 2023. 12
15. 최광진, 《한국의 미학》, 미술문화, 2015
16. 한국콘텐츠진흥원, 〈2023 웹툰사업체 실태조사〉, 2024. 2
17. 조지훈, 《멋의 연구》, 나남, 1964
18. 한국문화홍보서비스, 〈한국 여성들은 모른다. 그들의 아름다움이…〉, 2015
19. 한국경제연구원, 〈한류확산의 경제적 효과〉, 2023. 7. 10

K-뷰티 탐미
:다섯 가지 힘

ⓒ 고병수, 2025

초판 1쇄 발행 2025년 2월 20일

지은이 고병수
펴낸이 이기봉
편집 좋은땅 편집팀
펴낸곳 도서출판 좋은땅
주소 서울특별시 마포구 양화로12길 26 지월드빌딩 (서교동 395-7)
전화 02)374-8616~7
팩스 02)374-8614
이메일 gworldbook@naver.com
홈페이지 www.g-world.co.kr

ISBN 979-11-388-4044-6 (03320)